创新思维融入高校教育教学理论与课程体系问题研究

寿 海 ◎ 著

吉林出版集团股份有限公司

图书在版编目（CIP）数据

创新思维融入高校教育教学理论与课程体系问题研究／寿海著．— 长春：吉林出版集团股份有限公司，2022.10

ISBN 978-7-5731-2500-2

Ⅰ．①创⋯ Ⅱ．①寿⋯ Ⅲ．①高等教育－教学研究－中国 Ⅳ．①G649.21

中国版本图书馆 CIP 数据核字 (2022) 第 190145 号

创新思维融入高校教育教学理论与课程体系问题研究

著　　者	寿　海
责任编辑	滕　林
封面设计	林　吉
开　　本	787mm×1092mm　　1/16
字　　数	220 千
印　　张	10.25
版　　次	2022 年 10 月第 1 版
印　　次	2022 年 10 月第 1 次印刷
出版发行	吉林出版集团股份有限公司
电　　话	总编办：010-63109269
	发行部：010-63109269
印　　刷	廊坊市广阳区九洲印刷厂

ISBN 978-7-5731-2500-2　　　　　　　　　　　定价：68.00 元

版权所有　侵权必究

前 言

高校作为人才培养的摇篮,承担着人才培养、科学研究和知识创新等重要工作,而高校的教育管理工作又是联系高校教学过程中教师的教与学生的学的各个环节的枢纽和桥梁,在高校教育活动中具有举足轻重的地位。虽然越来越多的高校已经认识到教育管理的重要性,但是由于种种原因,目前高校教育管理还存在一些问题,要想进一步提升教学质量,提高学校知名度,高校教育管理工作必须进行反思与创新。

高校教育的成败关系着国家的兴旺与发达,而教育管理工作又在高校教学活动中起着至关重要的作用,是联系高校各个教育环节的枢纽,是高校教学质量提升的基础性环节。提高院校正规化教育管理水平是当前高校教育管理面临的新挑战,创造性地做好教育管理工作变得尤为重要。注重高校教师的思想政治教育工作,把此项工作贯穿整个教育管理的始终是必由之路。高校教师的教学水平、教育理念、教学方法,特别是教师的世界观、人生观、价值观将直接影响学生的思维方式、行为模式以及三观的构建。因此,要加强高校教师的思想政治教育工作,通过各种途径,借助各种方式,引导教师树立正确的、积极的教学态度、工作态度、生活态度,助力学生养成良好的习惯,培养其高尚的道德情操,使其真正成为中华民族伟大复兴伟业的继承者和建设者。

高校教育管理者是进行教育管理的基本组织者,管理者自身的素养和业务水平直接影响着高校教育管理工作的质量。因此,高校教育管理创新应首先从管理者入手,重视教育管理队伍的建设,全面提高教育管理者的综合素质和能力。与此同时,对于基层教育管理者,应当适当提升其待遇水平,减少其心理落差,为其提供相应政策支持,从而提升其工作满意度,只有充分调动基层教育管理者的工作热情,使其发挥自身创造力,教育管理的创新性才能得以实现。

由于作者水平所限及本书带有一定的探索性,本书的体系可能还不尽合理,书中疏漏之处在所难免,恳请读者和专家批评指正。在此对在本书写作过程中给予帮助的各位同志表示衷心感谢。

目 录

第一章 创新与创新思维 ... 1
第一节 新事物的产生与发展 ... 1
第二节 创新的概念及特征 ... 6
第三节 思维的概念 ... 8
第四节 创新思维 ... 15

第二章 创新思维形式和障碍 ... 20
第一节 创新思维的形式 ... 20
第二节 创新思维的方法 ... 30
第三节 创新思维的障碍 ... 40

第三章 高校教育管理概述 ... 44
第一节 高校教育管理的内涵与价值 ... 44
第二节 高校教育管理的原则 ... 55
第三节 高校教育管理的过程 ... 58
第四节 高校教育管理的发展 ... 65

第四章 高校课程体系概述 ... 73
第一节 高校课程体系内涵 ... 73
第二节 高校课程体系的结构 ... 75
第三节 高校课程体系的发展趋势 ... 77

第五章 高校教育教学管理理念与方法 ... 80
第一节 高校教育课程管理理念与方法 ... 80

  第二节 高校教育考试管理理念与方法 94

  第三节 高校创业教学管理理念与方法 96

第六章 基于大数据环境的高校教育管理思维创新 104

  第一节 基于教学大数据的教学管理系统 104

  第二节 基于大数据的高校学生综合测评系统设计与实现 107

  第三节 数据挖掘技术用于高校学生留级预警的思维创新 114

  第四节 数据挖掘技术在高校教师科研管理中的思维创新 118

第七章 基于新媒体环境的高校教育管理思维创新 122

  第一节 高校基于微信公众号的学生管理思维创新 122

  第二节 校园微博文化视野中的高校班级管理思维创新 126

  第三节 新媒体环境下高校网络舆情管理机制创新 129

第八章 基于大思政格局的高校教育管理思维创新 137

  第一节 "三全育人"理念下的高校课程思政建设思维创新 137

  第二节 社会主义核心价值观融入高校校园文化建设思维创新 145

  第三节 新时代高校师德师风建设思维创新 148

参考文献 156

第一章 创新与创新思维

创新的提法由来已久，但是，对创新理论的研究自20世纪才开始。随着知识经济时代的到来，创新成为一个使用越来越广泛的名词。知识经济依赖于创新，只有创新能力的不断发掘、新方法的层出不穷、新产品的推陈出新，才能实现知识经济的良性循环。创新决定着一个国家和民族的综合实力和竞争力。

第一节 新事物的产生与发展

一、认识事物及新事物

从哲学的范畴理解，事物是一切事情和物品的总称。事情也称事件或现象，它既可以是人的思维和行为主观运行的一个结果，也可以是自然界的某一种客观存在。作为人的思维和行为的结果，我们可以举出人类社会发展中无数历史事件的实例，从远古时代石器的使用，以及标志着人类进入文明时期的取火方法，到夏商晚期甲骨文的出现；从秦始皇统一中国、成吉思汗拓展疆土，到新中国的成立。

大自然中，许许多多令人叹为观止的景观也被称为现象，如海市蜃楼、黄山云雾、日出日落等。自然科学和社会中的很多体现因果关系的效应实际也是遵循科学原理和规律的现象。

物品是人们能够看得见摸得着的东西。从简单的石块到复杂的车辆机器，绝大多数物品在人们生产和生活中发挥着一定的功能。物品也称物体，具有一定的空间尺寸和形状。从产生和发展过程来看，物品都是工程建造的结果。人类社会物质文明的进步是以物品的演变进化为重要标志的。这里还要提一下物质的概念。物质是关于"物"的一个含义更广泛的词语。哲学上讲，物质是不依赖人的意识的客观存在。自然界中，凡是客观存在的东西都是物质，除了各种物品外，还包括宏观的宇宙星球和微观的分子原子，以及光、场、波等现实存在。

什么是新事物？首先要看"新"这个词。汉语中的形容词"新"是指初始的、刚刚经历的东西。无论是自然界人类社会，还是人们生活的方方面面点点滴滴，某种"新"都是无处不在、无时不有的。自然界中的新有哪些？喷薄而出的红日、清新富氧的空气、含苞待放的花朵、鬼斧神工的奇石，还有动植物体的新陈代谢、吐故纳新。所有这些，带给人们新的感受、新的希望、新的生机。人类社会的"新"，无论是朝代的改换、政权的更迭，还是每一次的变法、改革，都在推动着社会的文明和进步，新思想、新制度、新政策、新法规、新模式不断涌现，去其糟粕，取其精华，人类社会的历史长河在永不停息的新旧博弈中曲折前行。

大自然中的一些现象，如溶洞、睡佛，当仔细观察时，它们仿佛有了生命，能给人们留下许多关于自然和社会的思考。对于喜欢思考的人来说，自然的"新"能使人兴奋，使人感慨，给人以启发，给人以灵感，能让人振奋精神。从这个角度出发，我们应该走进大自然，在大自然中磨炼性情，陶冶情操。只要愿意思考，经常思考，大自然的"新"就会与人的创新关联起来。

相比之下，人类社会和技术进步的"新"，都是创新的结果。人类社会发展每一个阶段的思想轨迹，事件脉络留给后人的镜鉴意义是永恒的。只有"新"，才能谈得上借鉴，要借鉴，一定为一种"新"、一种开拓。

从古至今，文化发展中的"新"，主要体现在文化著作的思想哲理和文艺作品的百花齐放、推陈出新上。孔子的《论语》、老子的《道德经》，千百年来影响着每一个社会时代，其中蕴含的关于自然、社会和人的深刻道理，在历史长河的每一个瞬间都充满新意。作家、画家、音乐家隽永的作品除了给人们带来新美之感外，其主题思想也影响着人的身心发展和社会的文明进步。

人类物质文明的发展与发明创造息息相关。物质文明是人们生活质量和幸福指数提高的基础。纵观现代生活和生产中每一件物品的演化，给人最为振奋的感觉就是日新月异。物质文明发展过程中体现的最突出的特征就是"新"，它直接来自技术的探寻与突破、产品的换代与升级。存在于人意识中的"新"，如新思想、新观点、新策略、新机制、新方法、新形式等，来自实践，来自借鉴，来自探求的渴望，常常使受众产生耳目一新的感觉。这些"新"实施应用于实践并接受实践的检验，调整后再实施应用，可能对人类的生活方式产生巨大的影响。

在人的思维中，应该受环境的影响，经常产生新的想法。从辩证的观点看，在人的头脑中应该有"新"，有很多的"新"，这是意识增强、善于思考的表现；同时又应该没有"新"，有较少的"新"，这是善于学习，经常变未知为已知的行为。注意，这里提出了一对矛盾，就是有新和没新，可以对应后面所讲的矛盾分析和分离原理。

从哲学的角度，新事物是指符合事物发展的客观规律和前进趋势、具有强大生命力和远大前途的事物。人类历史发展的漫漫征程，标志着人类文明进步成果的不断取得，都是对新事物不探索的结果。

新事物分两类。一类是自然的、客观存在的，如各种自然景观、自然现象；另一类是通过人的主观努力得到的，人们使用的工具、设备、方法、理论等都属于这一种。所谓探索新事物，更多是指人们发挥主观能动性去获取新事物或探知事物的内在规律。发明创造和科学发现是人类探索新事物的典型表达。从新事物产生的规律看，自然界客观存在的新事物和通过人的主观努力得到的新事物存在相互作用、相互影响的可能性。一方面，人们通过主观努力可以改变自然界某些物性的客观存在，如千岛湖景观的形成，这谓之改造自然；另一方面，自然界客观存在的一些属性如日出日落、波涛汹涌，会给人的主观努力带来积极影响，使人产生联想、受到启发、触动灵感等。

二、事物的发展变化

唯物辩证法认为，事物是相互联系的，并且是发展变化的。生态世界从单一、原始、野蛮到多样、绿色、文明的演化，技术系统从简单到复杂的演化，物品外观从单调呆板到美观且充满人性化的演化，都说明事物的演化是向着进步、向着提高人们生活幸福感的方向进行。新事物的产生是矛盾运动的结果。当事物内部某一种或某几种属性与现实需求不相适应时，就产生了矛盾。矛盾的产生也是人们主观上认识问题，追求完善，向往希望的过程和结果。在社会发展过程中，生产力和生产关系是否相适应是社会经济发展的主要矛盾。

战国时期的商鞅变法就是秦孝公认识到国家经济政治体制存在严重弊端，制约国家的发展，从而发奋图强、重用商鞅、力主变革的结果。通过改革，秦国重创了旧有的以土地为代表的经济社会体制，建立了适应社会发展的经济政治新制度。改革推动了秦国社会的进步，促进了经济的发展。同时，壮大了国力，实现了富国强兵，为以后秦国统一全国奠定了基础。商鞅变法作为一次较为彻底的变法运动，顺应了封建社会历史发展的方向潮流，推动了奴隶制向封建制的社会转型，对中国社会历史的发展特别是法治化社会的建设做出了重要贡献。

物的演变进化同样体现了矛盾运动的过程和结果。这里的矛盾就是技术系统在长期应用过程中出现的各种问题。每解决一次包含矛盾的问题，技术系统就会得到一次改进，新产品也就应运而生。这里举纺纱工艺发展的例子。

衣着可以说是人类从古至今，从为了生存到追求生活美感的第一要素。编织衣着的原料是纱线，纱线来源于棉、毛、丝、麻等纤维原材料。从古至今，纱线的成形技术是纺织工业发展的重要标志。萌芽于原始的手搓，贯穿于从原始工艺到现代技术的整个过程，纱线成形工艺最基本的牵伸、加捻方式走过了漫长的改进历程。早期的纺车都是单锭手拉牵伸手摇加捻，效率十分低下。元代黄道婆在传授纺织技艺的同时，发明了三锭脚踏纺车。这一发明开创了纺纱工艺从单锭到多锭的历史先河，对于提高纺纱生产效率意义重大。它比标志着英国工业革命开始的珍妮纺纱机的发明早了约500年。在纺纱工艺改良之前，作为英国工业革命的前奏曲，英国工程师首先发明了织布过程中的飞梭技术，使得织布效率成倍提高。纺纱工艺的落后，造成织布原料短缺，织与纺的矛盾突显出来。正是这种矛盾，也就是纺纱供不应求的突出问题，促进了纺纱工艺的改革。珍妮纺纱机发明后，纺纱过程由单锭增加到16锭，纺纱效率大大提高，初步解决了织与纺的矛盾。

三、新旧事物的循环更迭

"新"与"旧"的关系是辩证的，是对立统一的。没有一成不变的"新"，也没有一成不变的"旧"。新旧交替、现代与传统交映，是矛盾运动普遍性的鲜活实证。对旧的东西一味摒弃，不是一种积极的态度。应该习惯于扬弃，善于在旧中发掘新。不要忘记，所有的"旧"都曾"新"过。站在时间的轴线上，很多看似陈旧的东西，千百年来，以永恒不变的积极意义影响着人类，启迪着民族，规范着社会，如孔孟之道、孙子兵法、三十六计。人们可以发挥极尽，从仁、义、礼、智、信中发掘出无数的"新"。在网络技术飞速发展的今天，新产品、新技术、新工艺不断涌现，我们应该不断补充新知识，以适应社会对自身发展的需求。但这并不意味着传统的东西都过时了，都应该抛弃。比如，很多传统的加工工艺无论是其实用性还是成本、便捷等方面仍有它们存在的价值和应用的场合。

从哲学的角度讲，"新"的含义是"有异于旧质"。最近我们国家经常提到的一个词叫"新常态"。理解了这个词，相当于接受了一次形势教育，同时我们对"新"与"旧"的关系有了一个比较深刻的理解。什么是"新常态"？相对应的"旧常态"又是什么？"新常态"是经济领域的一个概念。想一想我们小时候的生活状况，衣食住行，没有更高的要求，只要有就满足了。一辆自行车、一块手表，都显得奢侈。计划经济年代，物资匮乏，是人们生活状态的突出印象。除了"少"，用一个"粗"字表达也是非常贴切的。在缺衣少食的情况下，工业生产也就会片面地追求数量。在当时的历史条件下，人们对这种经济现实是习以为常的，认为生活就是这样。这就是所谓的"旧常态"，它的特征就是"粗放型""数量型"。"旧常态"经济的一个突出代价是，产品低档、质量低劣，同时生态环境也被破坏了。随着经济的发展、人们生活水平的提高，大家越来越注重生活质量的改善，追求生活的美感。工业生产也不能单纯追求产品的规模数量而不注重档次和对环境的保护。达到了这样的要求，也就是说，工业生产追求高科技、高水平，于是经济就进入了"新常态"。"新常态"的概念体现了事物发展否定之否定的辩证规律。事实上，人类社会就是从常态到非常态再到新常态的否定之否定中发展，人的思维以及人对社会的认识也是从常态到非常态再到新常态的否定之否定中不断上升。还有一个词，称为"新经济"，它是以信息技术为支撑，追求经济"持续、快速、健康"发展目标的一个概念。从经济领域这个例子可以感受到，从"旧"到"新"的一种转化。还应该注意到，当"新"发展到一定时期，也会变为"旧"。这就形成了矛盾运动的一种循环。

四、新旧事物是相互联系、可以相互转换的

新旧事物的更迭关系是一种永恒的循环。人类社会漫长的发展历史是曲折前行的。其发展过程的显著特征是旧事物由于不符合事物客观发展规律而被新事物所取代。从辩证唯物主义运动绝对性的观点来看，一种事物要具有存在价值，必须与周围环境或其他事物相适应、相协调，满足社会的特定需求，能够发挥一定的功能。而在社会向前发展过程中，也就是事物的运动过程中，人们总是在追求生活质量的不断提高，对现有事物各方面的功能属性提出越来越高的要求。由于不适应，于是事物间的协调稳定性经常出现问题。例如，电视模拟信号在相当长的时间内给人们带来了满足和欢乐，随着科学技术的日新月异，数字信号在色彩、逼真、稳定等方面表现出巨大的优势，于是电视模拟信号技术作为旧事物被淘汰也就成为必然。

老子在《道德经》中提到"有无相生，难易相成，长短相形，高下相倾，音声相和，前后相随"，说明了事物的辩证统一规律，也鲜明地体现了老子朴素的辩证法思想。他通过日常的社会与自然现象，阐述了世间万物的存在都具有相互依存、相互联系、相互作用的关系，论述了对立统一的规律，确认了对立统一永恒、普遍的法则。例如，在日常生活工作中，供给与需求是人们经济生活任何时候都不可缺少的矛盾对立统一的两方面。人要吃穿，就必须有企业提供食品和服装；企业生产任何产品，首先必须考虑市场的需求。只是要注意在不同的历史阶段应该侧重"供"和"需"哪一方面来应对经济发展中出现的各种问题。

因此"新"与"旧"作为一对矛盾对立统一体，二者也是相互作用和相互转化的。自然、社会以及技术系统的进化也是遵循辩证统一规律的。其中，任何一种产品从它的诞生到婴儿期，再到成长期、成熟期，最后进入衰退期。应该说，这个过程经历了无数"新"与"旧"的交替更迭，是一个在曲折中前进的过程。

有诗云："芳林新叶催陈叶，流水前波让后波。"历史长河的大浪淘沙，证明了一个真理，就是新事物的产生与旧事物的消亡是不可抗拒的。

需要注意的是，应该辩证地看待旧事物。所谓旧事物，往往并非一无是处。一方面，旧事物会催生新事物，使新事物的优良特性得到突出映衬；另一方面，旧事物的内部某些属性经常还具有一定价值，可以保留或进行移植。传统的东西，单从时间轴线上看就

是陈旧的，但世界是多维的，就像陈酿的美酒，经历了岁月，芳香扑面而来。很多传统的东西也是这样，经过历史沧桑的磨炼洗礼才具有了永恒存在的价值。真正的经典，都是从传统中凝聚而来。孔子、老子关于治学、修身养性、事物发展规律的哲学思想就是传统经典在文化方面的代表。当然，对传统而言，一定要去其糟粕、取其精华。

第二节　创新的概念及特征

一、创新的概念

创新（innovation）的含义是更新、变革、制造新事物。从社会发展的角度看，创新是指人们为了发展的需要，运用已有的知识和信息，不断突破常规，发现或构造某种新颖、独特的有社会价值或个人价值的新事物、新思想的活动。经济学上，创新概念的起源为美籍经济学家约瑟夫·熊彼特（Joseph Alois Schumpeter）在 1912 年出版的《经济发展概论》，认为创新是指把一种新的生产要素和生产条件的新结合引入生产体系。它包括五种情况：引入一种新产品，引入一种新的生产方法，开辟一个新的市场，获得原材料或半成品的一种新的供应来源，实现任何一种工业的新组织。熊彼特的创新概念包含的范围很广，如涉及技术性变化的创新及非技术性变化的组织创新。创新的本质是突破，即突破旧的思维定式，旧的常规戒律。创新活动的核心是"新"，它或者是产品的结构、性能和外部特征的变革，或者是造型设计、内容的表现形式和手段的创新，或者是内容的丰富和完善。创新的内涵十分丰富，从新的构想、新的观念、新的理论、新的决策、新的方法、新的设计到它们在实践中运用的过程，都是创新的具体表现形式。创新的成果体现在思维形态时，即认识成果；体现在创新思维成果应用于实践所获得的创新实践成果时，即事实成果。

从新事物产生发展的角度理解，人类社会中存在的"新"、技术进步中产生的"新"，往往都是发挥人的主观能动性得到的。在自然和人类社会中发挥人的主观能动性，努力寻求"新"，实现"新"，应用"新"，谓之创新。"新"为人之向往，创新为塑人之利器。古往今来，无数创新之举、创新之物、创新之为聚成了人类的文明进步。

如果给创新下一个严谨的定义，应该是：创新是指以现有的思维模式提出有别于常规或常人思路的见解为导向，利用现有的知识和物质，在特定的环境中，本着理想化需要或为满足社会需求，而改进或创造新的事物、方法、元素、路径、环境，并能获得一定有益效果的行为。

与创新相对应的概念是维持，即维持原有的思想、观念、思维方式方法。辩证地看，人类认识和实践活动的基本内容可以看作是创新与维持的矛盾统一体，任何思想、观念、事物及过程都是在维持或创新中产生与发展的。人类的发展离不开创新。事实上，人类发展的历史，就是一部记载人类发明和创造的历史。可以说，没有创新，就没有人类发展的历史，也就没有人类的未来。

在知识经济时代，特别是在高度发达的网络大数据时代，只有拥有创新能力和大量的高素质人才时，才具备发展和实现价值的巨大潜力。可见，一个国家的创新能力是决定该国在国际竞争和世界发展总格局中地位的首要因素，甚至可以说一个国家的创新能力直接关系到民族的前途和命运。20世纪最后30年，世界上科技成果和科技发现比人类社会两千多年发展的总和还要多。科学技术作为第一生产力，对社会经济的发展起到了极其重要的作用。

二、创新的特征

特征表达了内涵。认识特征，才能深刻理解内涵。内涵是指事物的内在本质属性。事物的属性往往是客观存在的，它本身并不是内涵；只有当它得到深化或拓展并成为促进事物发展的思想内容时，才是内涵。内涵不是表面上的东西，而是内在的，隐藏在事物深处的东西，故需要探索、挖掘才可以看到。

创新内涵包含了人和社会促进事物发展的许多要素，除了技术经济领域，包括社会、政治、文化、艺术等几乎所有领域都在倡导创新。诚然，建设创新型国家涉及的问题是全方位的。很多国家政策和战略包含了大量的创新内涵，如供给侧改革，涉及的创新层面是深刻而广泛的。一般而言，创新有一些基本特征，包括目的性、变革性、新颖性、超前性、价值性。这些特征，表现在每一个领域的整体和局部的创新活动中。

当前，国家在大力宣传倡导、鼓励实施创新。这使得创新的概念被严重泛化，也很容易形成创新概念的空化。事实上，在风起云涌的创新声潮中，创新很大程度上成了一句空泛的口号。为此，作为引导，这里将创新集中在技术经济领域，突出产品价值的实现。技术创新的概念对于发明创造活动的开展十分重要。技术创新是指技术的新构想经过研究开发或技术组合，以获得实际应用并产生经济、社会效益的商业化全过程的活动。技术创新具有综合性、系统性、创造性的特征。在企业中，技术创新的核心分为三个部分，即产品创新、过程创新和管理创新。

由此总结创新的特征如下：

（一）创新的实践性和生产属性

从商品的角度来说，创新就是技术变为商品并在市场上得以销售实现其价值，从而获得经济效益的过程和行为。可以看出，创新是以产品价值实现为检验效果的。研发生产过程和市场行为中的实践性是不言而喻的。

（二）创新的科学性

技术创新的过程必须以科学原理和理论知识做支撑：科学是道理，是规律，技术是道理和规律的应用。科学不能直接产生经济价值，科学的价值体现在引领技术发展，而技术是推动社会进步，提高人民生活水平的直接动力。我们把科学和技术的具体实例联系起来，可以看到科学在技术创新中起着极其重要的作用。例如，空气动力学对于高铁、飞机、火箭技术的研发是至关重要的；现代大型建筑如高楼、桥梁、机场、车站等非常壮观，如果没有有限元技术，就难以做结构仿真分析，结构的实现也就不可能了。

（三）创新的物化性

技术创新的目标指向包括新产品、新工艺、新市场、新材料、新管理。所有这些，都围绕着能够实现商品价值的有形实物。因此，技术创新必须务实，针对客户需求研发新型产品。

第三节　思维的概念

一、思维概述

从思到思维再到创新思维是人从事创新活动过程中大脑思考问题经历的三个阶段。理解思维首先要理解一个"思"字所包含的深刻内涵。

（一）行始于思，行成于思

思即思考，是人在社会生活中产生的主观意识活动，是人的大脑面对客观世界和周围事物、现象所具有的基本功能和能力。"你想做什么"是人生存发展的最基本问题。即使是被动的"你要我做什么"这样的问题也经常会转化为"如何做"，其中蕴含"思"的问题。人与动物最根本的区别就在于人有"思"，特别是自觉的"思"、主动的"思"。"思"是人从感性到理性认识事物的最初阶段和最基本条件。人的所有行为都源于思。

行始于思。行即行为，也可理解为行动。一般而言，人的大脑支配着他所有的行为。凡事三思而后行，尽管我们不主张做事优柔寡断，但同样也不能行动鲁莽、武断。在"思"指导下去行动、去作为，这是绝对的道理。运筹帷幄，决胜千里，讲的也是这个道理。试想，没有"思"的行为是什么行为？不动脑筋就去做会有什么样的结果？遇事不假思索好吗？人的行为是受大脑支配的。人在成长、处事过程中确定的每一个目标和方向及为此付出的努力，首先来自大脑的思考。这就是所谓行始于思。

注重"思"的同时，还要注重善思，就是善于思考。习近平总书记说过，要善学善思，善作善成。对于每一个人的工作、学习、生活，这句话都具有普遍的指导意义。特别是"善思"，从古至今，所有的实践活动都证明了一个真理，唯有善思，才能成事。

古人云，"学起于思，思源于疑"。明代学者陈献章说过："前辈学贵有疑，小疑则小进，大疑则大进。疑者，觉悟之机也，一番觉悟，一番长进。"这些都说明了善思对于解决问题的重要性。古往今来，无论是诸葛亮的神机妙算，还是四渡赤水的用兵谋略，抑或是经济建设中的政策策略，所有的成功、所有的发展，都蕴含着智慧，善思是至关重要的。必须善于思考，特别是对于创新，更加强调善于主动的"思"。"思"不仅是锻炼大脑智商的重要手段，更重要的是，行成于思，意指成功之道在于深思熟虑。

两千多年前，孔子为我们阐明了学思关系：学而不思则罔，思而不学则殆。"学问思辨、身体力行"，就是知行合一，就是学以致用，就是《论语》里子夏说的"博学而笃志"。

礼记中说，治学要"博学之，审问之，慎思之，明辨之，笃行之"。博学，就是通达广泛地学习，这是吸收知识的过程；审问，就是审慎深入地追问，这是答疑解惑的过程；慎思，就是谨慎周密地思索，这是遴选消化的过程；明辨，就是清晰明确地判别，这是择定结果的过程。这四个过程，合起来叫作"学问思辨"，这是一个人把所学所想，在自己内心世界的运作，或者说在思维层面的处理。有了这四个过程，才能水到渠成，达到"笃行之"。就是把所思所得付诸实践，在行为层面瓜熟蒂落。

在这个过程中，"慎思"和"明辨"是递进的关系。就是说，只有做到了"慎思"，才能达到"明辨"。这里的"慎思"是谨慎思考之意。而"谨慎"，不能单纯理解为"细心慎重"甚至"谨小慎微"或"拘谨"。从哲学的角度说，"慎思"应为多角度、多方面地思考问题，用系统观和大局观去思考认识问题，避免一叶障目和盲人摸象。只有这样，才能明辨是非，才能更好地实践，才能找到解决问题的方法。

（二）将"思"上升到理性——思维

在日常生活中，人们经常"想"事情。简单的"想"，是人生活的本能。如果不能细致地想、多角度地想、带有逻辑性地想，就不能称为善于思考。如何思考？很多人意识不到这个问题。知识是思考的基础，知识的广博会极大地促进感性和理性的思考。对知识的汲取不能只依靠课堂。人一生的学习最重要的是学会学习的方法和方式。应该培养兴趣，养成习惯，利用身边的资源特别是网络资源学习，这是一种积极的学习态度和方式，同时也会促使自己积极地去思考。只有这样，一个人才可以说学会了思考。会思考的人，反应快，对周围的事物具有敏锐的观察力，对未知事物有强烈的好奇心，并有继续探求下去的思想和愿望。这样的人一般创造力较强，有创新意识。

在我们身边，每天要接触很多物品。这些物品都是发明创造的产物，而且在功能、性能上仍有扩展提升的空间。关键在于是否习惯于思考，对于一些物品是否能够先在自己的大脑中进行改进升级。人对事物思考过程的不断深入，实际也是大脑意识的加强和上升的过程。

以手机为例，一部手机主要功能是通信交流。现代社会，随着网络技术的日新月异，手机已经成为人们的必备用品。手机的功能也随着技术的不断升级得到极大拓展。手机的功能拓展领域，对于善于思考的人，在随心所欲地使用手机的同时，还应该想到什么？功能方面？原理方面？还有其他方面吗？就功能来讲还能想到有哪些扩展？

思维是人类生存发展、生活工作学习的基础，是人区别于动物的本质所在。思维来自心理活动的初级阶段意识。意识是大脑对于客观世界的反应，是感觉、思考等各种心理过程的总和。感官接触到了某种刺激，在头脑中留下了印象，这就是意识。意识的产生是人的底层心理活动。近期在从严治党中，要求党员要强化"四个意识"，就是通过学习和实践，在头脑中形成"四个意识"的牢固印象，并将这种印象融入日常生活学习工作中。

从潜意识到自我意识再到超意识是人形成正常思维的基本过程，也是意识层次的几个阶段。学习创新，首先要锻炼自身对事物的意识能力，当身边出现新事物时，要能敏锐地意识到一些东西，如市场潜力、创新价值、基本原理等等。这是人对事物深刻认识的初级阶段。当由意识发展到认识了事物的内外属性及规律时，人的心理活动就上升到了理性思维阶段。思维较之意识，主动性更强，层次更高。从简单的"思"到有所追求的"思维"再到实现自我价值的"创新思维"，人类不断地在提升、超越自我，达到新的精神境界。

什么是思维呢？当人的大脑思考问题深入逻辑层面或拓展到多维时空时，人对事物的认识上升到了理性，这时的思考就是思维。思维是大脑对事物从潜意识、下意识上升到理性、逻辑性层面的认识的过程，思维以感知为基础又超越感知的界限。它探索与发现事物的内部本质联系和规律性，是认识过程的高级阶段。思维对事物的间接反映，是指它通过其他媒介作用认识事物及其客观规律，借助于已有的知识和经验、已知的条件来推测未知的事物。思维的概括性表现在它对一类事物非本质属性的摒弃和对其共同本质特征的反映。可以理解，当包括知识、经验在内的输入信息经过大脑加工处理后，就产生了基于目标的输出信息。从这个过程可以理解，思维是人脑认识事物的活动过程。

思维是多维度的、有方向性的，是人脑对客观事物间接的、概括的反映，是指向理性的认识活动。知识为思维提供材料，思维对知识进行加工处理。知识越丰富，可思考的东西就越多，思维能力就越强；而思维能力的不断增强，又有利于学习掌握更多更深的知识。

思维的基本过程分为以下几类：

一是分析与综合。分析与综合是最基本的思维活动。分析是指在头脑中把事物的整体分解为各个组成部分的过程，或者把整体中的个别特性、个别方面分解出来的过程；综合是指在头脑中把对象的各个组成部分联系起来，或把事物的个别特性、个别方面结合成整体的过程。分析和综合是相反而又紧密联系的同一思维过程不可分割的两个方面。没有分析，人们不能清楚地认识客观事物，各种对象就会变得笼统模糊；离开综合，人们对客观事物的各个部分、个别特征等有机成分产生片面认识，无法从对象的有机组成因素中完整地认识事物。

比如，机器运转不正常了，必须根据现象分析产生问题的原因，判断出是机械零件磨损了，还是电子元件老化了，抑或是控制环节失效了，从而找到机器维修的方法，确定维修方案。这个过程很大一部分是工程师大脑分析综合的结果。

二是比较与分类。比较是在头脑中确定对象之间差异点和共同点的思维过程。分类是根据对象的共同点和差异点，把它们区分为不同类别的思维方式。比较是分类的基础。比较在认识客观事物中具有重要的意义。只有通过比较才能确认事物的主要和次要特征、共同点和不同点，进而把事物分门别类，揭示出事物之间的从属关系，使知识系统化。

比如，人们在处理问题时经常说，两害相权取其轻，两利相权取其重。这是一个原则，同时也是一个比较选择的结果。

三是抽象与概括。抽象是在分析、综合、比较的基础上，抽取同类事物共同的、本质的特征而舍弃非本质特征的思维过程。概括是把事物的共同点、本质特征综合起来的思维过程。抽象是形成概念的必要过程和前提。比如，在科学研究中，经常会把具体指向的研究结论抽象化，形成一套理论，并验证它使之具有普遍的应用价值。

人类社会的文明进步离不开思维的发展。从古至今，但凡与人相关的世间万物兴衰都源自思维作用的结果。思维和事物发展是相互作用的，战术、计谋、方略、规划等都是思维的成效，它们对最终的结果影响显著；反过来，事物发展的过程和结果又在不断地修正着人们的思维，直至发展出新的思维。

当今社会，科学技术日新月异。影响人们思维最为显著的事物是互联网。网络时代在深刻影响人们生活方式的同时，形成了一种新的思维方式，就是互联网思维。在互联网思维下，生产、研发、销售、服务等对人的思想冲击是巨大的，用户、大数据、跨界、平台、社会化等概念融入我们的生活中。

互联网思维包括三项需求思考的内容，也是三项技术问题，就是交互、连接和网络。交互环节包括人与人、人与商品、人与物、人与信息等方面的互动。例如借助微信、QQ等即时通讯方式解决了人与人之间互动的问题。在互联网时代，人与人互动从深度到广度都有了前所未有的拓展。

在人与物交互方面，举个例子，一家主要做空调开关的公司，做的是智能开关（智能温控器），当人进入房间时，空调会自动开启，并根据历史数据将温度调到主人觉得最舒适的温度，当晚上人睡觉时它会自动开启睡眠模式，白天如果人离开房间它又会自动关闭。很显然，它实现了人与空调的友好互动。

如今，网购已经成为人与商品互动的重要方式。所有这些，都离不开人与信息的便捷交互。在连接方面，互联网发展的方向是无线互联，即遍布我们周围的将是各种各样的网络终端（智能设备）。在网络方面，云计算将会深度影响信息的存储、传递、分析以至于买卖。

随着互联网技术的发展，大数据下数据的处理、转化过程将一步一步深刻地引导人的思维不断上升。

综上所述，简单地说，思维就是对事物的理性认识。

二、强化自我意识——思维上升

美国演说家丹尼斯·威特利的《成功心理学》中有这样一段：与自我意识密切联系的是自我引导、自尊、自律和自我激励，这些都是保持你在向着目标和理想的方向上不断前进的手段。你的态度也是成功的一个重要构成要素；积极思考能帮助你正确地观察事物并度过艰难时光。最后，缺乏积极的人际关系就不可能有真正的成功。自我意识包括指出并评价你的个人价值观、个人品质、技能和兴趣。缺乏自我意识，就难以断定对生活的真实想法。成功人士运用自我意识来建立自信，并获得追求梦想的勇气。此外还运用自我意识去理解自己的思想、感觉和行动，并更好地与他人相处。

这里的"自我意识"就是人不断上升的思维。加强自我意识培养，就能够在实践中逐渐形成自己"行动、乐观、实干、准备、细节、责任、勇敢、信念、坚持"等多方面的个性品质。

生活中很多人，往往都缺乏在适当的时候做出判断决定的能力，所以一直生活在后悔当中，后悔以前为什么不敢及时向自己的意中人表白以至于被别人捷足先登；后悔以前为什么没有及时辞职下海以至于现在只能看着曾经能力远不如自己的人大发特发；后悔没有早日买房；后悔没有早日卖出手中的股票……之所以有很多的后悔，归根结底是因为思维陈旧、思维保守、不敢选择、不敢开拓。

思维的上升，实际也是个性修养的磨炼。青年学生都想上大学，接受高等教育，上个好大学、名牌大学。上大学是为了学习一技之长，今后能有个好的工作。但上大学并不单纯为了学习专业知识。接受高等教育更重要的目的是个性品质的养成，其中很大程度取决于思维的锻炼提升。人的很多品性、思维的延伸拓展，形成于潜移默化之中，形成于对知识的探求之中。例如，高等数学课程学习对人的思维从有限到无限，从发散到收敛发挥的作用是十分明显的。一个好的环境，如文化内涵深、学风好的学校，无疑对人的品性提升、思维拓展有很大的帮助。实际上，大学阶段也是人生中形成创新品格、激发创新渴望、锻炼创新思维、促进创新实践的重要阶段。

由此可见，思维的上升有助于改变人生。

换一个角度来看，思维的善变，也是思维上升的重要表现。人们经常说处理问题时脑子要活分一些。这个活分是什么意思？当学生为解一道题而冥思苦想时，能不能有多条思路？原理可不可以更换？方法是否能更新？从力分析的角度不好解决，换到能量的方向考虑一下。活分往往是打开解题思路，找到解决办法的一扇窗户。创新的基本前提就是脑子活，就是善变。思维的活分善变能提供解决问题的多种路径。例如出行、购物，在网络时代、高铁时代，有多少种方案可以选择？怎样去权衡利弊？遇事反过来想想，经常会帮助我们判断，有时还会茅塞顿开。

更换思维方式是人进行创新活动的基本要求和必要条件。因此必须清楚我们每天在用什么样的思维方式生活、工作？什么样的思维方式会增加身心的愉悦感，会促使我们积极向上、信心十足？什么样的思维方式会更好地解决实际问题，包括家庭矛盾、工作难题、人际关系等等？

更换思维往往意味着要打破传统思维。传统思维分两种，一是发展民族传统思维。世界上每个民族都有自己的发展历史、文化传统和思维方式。思维方式是大脑认知活动的外在表现，是民族特征的重要标志。什么是民族传统思维呢？当一个民族的思维方式经过一代代流传而基本稳定下来成为习惯，并具有自己独特的形式时，一种传统思维方式就形成了。简言之，传统思维方式是某一地域的人在思考问题和解决问题时所习惯采用的方法，如少数民族地区的风俗礼仪。具有民族特征的传统思维一般是固化的，如少数民族的风俗习惯。一个多民族的国家，民族传统思维必须得到尊重。二是个体的传统思维。对于现实中每一个人来说，传统思维就是约定俗成的一般思维，是最直接的思维，又称直观思维。个体传统思维更多地表现为再现性思维，就是通过记忆或头脑中场景迁移等一般方式进行思考的思维方式。按照这种思维方式去解决问题，总是习惯于回想曾经类似的情况，去套用以往的经验和书本规范。

传统思维常常使我们的思维变缓，甚至思维凝固，阻碍创新思维。应该在工作生活中经常性地换一种不同的思维方式。只有不同了，才有望是新的。例如用传统思维回答问题，学生最重要的事情是什么？是学业。学业靠什么来衡量？考试。但是要换一个角度，面对当今社会，用人单位迫切希望大学生具备较强的能力，这里，同样的问题该怎样回答呢？

传统思维下，什么样的学生是好学生？有多种回答。换一种思维呢？

社会的进步离不开思维方式的转变。没有思想解放，就不会有改革开放。对大学生来说，是就业还是创业？择业的压力对我们自身提出了哪些要求？同样需要我们开动脑筋，转换思维，付诸行动。

还有一种思考，叫换位思考，也属于思维方式的改变，它有效地帮助解决了社会家庭中的各种矛盾。换位思考是基本的社会道德水准。古往今来，从孔子的"己所不欲，勿施于人"到《马太福音》的"你们愿意别人怎样待你们,你们也要怎样待人",不同地域、不同种族、不同宗教、不同文化的人们,说着大意相同的话。可见换位思考是每个人都应该做到的事。换位思考是改变思维、学会做人、学会做事的第一步。所以在做每件事情之前,要先站在别人的角度考虑一下,如果自己都不希望这样的事情发生,那么就不要去做这件事。

老子说:"上善若水,水善利万物而不争,处众人之所恶,故几于道。"这句话的意思是:水能够滋养万物,它使万物得到它的好处,而不与万物发生争执、冲突,故水是天下最大的善性。2600年前,面对再普通不过的水,老子从中悟出了深刻哲理,总结出千古流传的警世名言。这何尝不是思维的转换与提升!

三、思维方法

人们在实践活动中,如何认识问题,如何思考问题,这就是思维方法的问题。思维方法是人们思考问题的思路,也是人们思考、认识和解决问题的手段和工具。人的思维过程从构成要素看,既包括思维内容,又包括思维方法。思维方法是人大脑认识活动的基本组成要素,它时刻同思维内容密切相连。一个人在思考问题时,无论自己是否意识到,其思考过程一定有某种思维方法在起作用。从认识论的角度看,思维方法来源于具体的思维过程,是从具体的思维过程中分析、加工、综合、抽象出来的。作为思维过程中的一般方法,又对具体的思维过程有指导作用。

思维方法与思维内容是相互依存的。一方面,思维内容所包含的研究问题、解决方案、成果形式等若发生变化,必然会引起思维方法的更新,即重新调整研究思路。在创新实践过程中,所遇到创新问题的深度和广度,对于思维方法的性质和水平会起到决定性的作用。另一方面,思维方法创新对创新活动的具体内容也会起到能动的反作用。思维方法水平越高,就越能推动科学研究和其他创新活动内容的进一步发展。

一方面,实践证明,思维方法具有普遍适用性和抽象性的特征。所谓思维方法的普遍适用性是指思维方法在认识和解决问题时会发挥普遍的作用。比如观察的思维方法、实验的思维方法、调查研究的思维方法、分析的思维方法等,都是自然科学和社会科学领域创新活动中普遍发挥作用的思维方法。

另一方面,既然思维方法具有普遍适用性,适用于不同的研究领域,因而必然具有抽象性的特征。抽象与具体是相对应的,如果一种思维方法只适用于某个较小的范围领域它就是具体的,如数理逻辑的思维方法、互联网的思维方法。

思维方法在人的实践活动中起着重要作用。一方面思维方法提供思考的途径。人们的思维活动总是有一定的目的性的,如思考什么?如何思考?希望得出什么样的结论?思维方法之所以能为思维活动提供思路,是因为它是方法论,是人们经历无数次思维实践活动的经验总结。另一方面，思维方法可以为人们提供检索信息的角度和范围。思维内容的获得离不开相关信息的搜集。不借鉴前人已经进行的相关活动获得的成果经验信息，思维活动就成了纯粹的纸上谈兵和空中楼阁。此外，思维方法还能够提高思维的效率。思考不同的问题，需要运用不同的思维方法，随着科学技术和社会变革的迅猛发展，新的思维方法日益增多，从事不同工作的人对思维方法也会有不同的需要，虽然一个人不需要也不可能掌握所有的思维方法，但一些基本常用的思维方法是大家都应该掌握和熟悉的，只有这样，才能适应思维不同问题的需要，用不同的钥匙开不同的锁。

按照思维方法是否具有逻辑性，可将思维方法分为逻辑方法和非逻辑方法。逻辑思维方法运用传统逻辑学，主要包括演绎、推理、归纳、类比等方法进行思维活动。非逻辑思维方法，是指人的思维方向、距离不在传统逻辑学范畴内的思维方法，如发散思维、聚合思维、灵感思维、联想思维、求异思维、横向思维、逆向思维、仿生思维等。在创新实践过程中，逻辑和非逻辑两种思维缺一不可。两类思维方法就像撒网捕鱼一样，既要善于运用非逻辑思维方法，尽量把网撒开，又要善于运用逻辑思维方法，及时将网收拢。

逻辑思维方法与非逻辑思维方法，具有不同的性质、特点和作用，它们相互配合、作用互补，就像一辆车的两个车轮，缺一不可、相互依存。在创新思维中，非逻辑思维方法能够为解决创新问题，打开研究思路发挥重要作用，提出诸多新颖独特的设想和方案；逻辑思维方法在创新活动中发挥的主要作用是对提出的各种设想和方案进行整理加工和审查筛选，从而找到解决问题的最佳方案。简单地说，非逻辑思维方法重在摸索试探，而逻辑思维方法主要用于检验论证。运用非逻辑思维方法，侧重于使人的思维活动具有流畅性、灵活性和独创性。而运用逻辑思维方法则侧重于使人的思维活动具有准确性、严密性和条理性。

第四节　创新思维

如前所述，思维是人脑对客观现实的概括和间接反映，它刻画出事物的本质和事物间规律性的联系。人的思维具有概括性、间接性、时代性和传播性四大特征。概括性是指在大量感性素材的基础上，把一类事物共有的本质特征及其规律加以归纳；通过媒体、知识、经验等间接地反映客观事物的本质，称之为思维的间接性；实践是检验真理的唯一标准，也是人类思维活动的基础。不同时代，人们实践活动的空间与条件不同，其思维能力、方式、水平也不同，这就是思维的时代性；思维的传播性是指人的思维需要通过语言、文字等载体进行传播表达，以便实现人际交流的目的。

一、创新思维的本质

社会的发展、科技的进步、人才的培养,从某种意义上讲,人的思维方式起着举足轻重的作用。是墨守成规、循规蹈矩、故步自封、因循守旧,还是与众不同、新颖别致、令人耳目一新、不同凡响?思维方式的不同,最终结果是不同的。创新思维是一个复杂的系统过程,是一种全新的思维方式,它充分发挥人的自主创新能力,以敏锐的目光从多角度思考问题,提出与众不同又能经得起检验的全新观点、全新思路、全新方案。创新思维在以知识创新和智力竞争为标志的现代社会发展中,发挥着极其重要的作用。

创新思维是一种优化组合多种思维方式来取得新成果的综合思维,是思维主体在自身具有的知识、经验和实践基础上,伴随着思维方式的变革提出新的理论、观点和想法的思维过程。相对于日常思维而言,创新思维是一种超出已知的认识范围的思维方式。它意味着一个人在解决问题的过程中,能站在与他人不同的角度去思考,提出与他人不同而且经得起实践检验的新观点、新思路、新方案。

创新思维的本质在于将创新意识的感性愿望提升到理性探索上,实现创新活动由感性认识到理性思考的飞跃。

可以从多层次来理解创新思维的本质。在功能层次上,创新思维的本质重点在于出新,在于创造前所未有的新成果。这是思维之所以成为创新思维最根本的依据,是多种形式的创新思维的实质所在。在结构层次上,创新思维的本质在于思维主体按照解决问题的需要,使自己的思维在调整与顺应中突破和超越原有的思维结构。在机制层次上,创新思维的本质体现在逻辑与非逻辑两方面的融合统一。创新思维是收敛性思维和发散性思维的综合运用,是思维在逻辑的制约下向非逻辑的跨越。这是创新思维的最深层次的奥秘,也是创新思维最深刻的本质。所以创新思维的本质是一个系统。其中,实现思维的出新是它的功能性本质;实现对原有思维结构的超越是它的结构性本质,在逻辑与非逻辑统一的基础上实现思维素材的超逻辑组合是它的过程性本质。从根本上说,创新思维是功能性、结构性和过程性本质的统一。

创新思维又称创造性思维,是一种具有开创意义的思维活动,即开拓人类认识新领域、开创人类认识新成果的思维活动。创造性思维是以感知、记忆、思考、联想、理解等能力为基础,以综合性、探索性和求新性为特征的高级心理活动,是需要人们付出艰苦的脑力劳动的高级思维方式。一项创造性思维成果,往往要经过长期的探索、刻苦的钻研、多次的挫折之后才能取得,而创造性思维能力也要经过长期的知识积累、素质磨砺才能具备,至于创造性思维的过程,则离不开繁多的推理、想象、联想、直觉等思维活动。创新思维往往表现为发明新技术、形成新观念、提出新方案和决策、创建新理论。创新思维是指以新颖独创的方法解决问题的思维过程,通过这种思维能突破常规思维的界限，以超常规甚至反常规的方法、视角去思考问题，提出与众不同的解决方案，从而产生新颖的、独到的、有社会意义的思维成果。

没有创新的思维方式，就没有创新的行动和实践。面对生活学习工作中出现的新问题，如果仅凭经验翻老皇历，因循守旧找教科书，是不可能寻找到解决问题的有效方法的。应该努力想新办法、找新出路，并且去学习掌握创新的内在规律和技巧，只有这样才算是真正拥有了创新思维。只有让创新思维成为一种习惯和本能，人们才可能以求新求变的活力冲破守旧的观念，在进退两难的窘境中闯出一片新的天地。

二、创新思维的特征

（一）独创性

创新思维的独创性又称开拓性、新颖性，它主要表现在思维过程中能够打破常规，不受传统观念、传统思维方式的束缚，善于多方位观察，多层面分析，变换思路，另辟蹊径，力破陈规，锐意进取。创新思维的首要特征就是新。旧的思维不是创新思维。没有变化、人云亦云的思维也不可能形成创新思维。思维要有新意、创意，要有新思路、新点子、新方案，让人有耳目一新的感觉。能够激起创造欲望，产生创造力，形成创新成果。

有一个非常富有新意的创新思维实例。浙江大学学生依据科学原理和技术实验，研制出一套"空气洗手"装置。其新颖的创意和稳定的效果，博得专家一致好评，在国内外获得多项大奖。

（二）批判性

创新思维必须具有反思的批判性，只有通过对传统思维模式的反思和批判，不断地反思前人设定的界限，才能突破旧有的认识框架和现有的认识范围，才能有所创新，才能开拓出认识的新天地。创新思维是一个在肯定中否定、在否定中前进的发展过程，必然以批判性为重要特征。创新，就是要走前人没走过的路。没有批判，没有怀疑，何谈创新？因此创新思维必须有批判的特征。创新本身就是通过对传统思维模式进行批判、反思而产生的。

在现代社会中，创新思维更多地来源于生活质量和幸福指数的需求，如减少雾霾、提高安全性、方便舒适等。创新思维要求习惯对现有产品提出疑问，经常想"要有一种……就好了"这样的问题。

（三）差异性

差异性是创新思维的根本特征之一。没有与众不同，就谈不上创新思维。创新思维本身是一种求异性思维，侧重构思与现实存在的事物有所区别。与人的指纹、长相一样，在浩如烟海的文献中能查出重复率，也说明人的思维是有差异的。只要你立足自我、勇于探索，就一定能开辟出思维的独特路径，创新出与众不同的成果。

大学生活习惯于三点连线，每天重复于教室、宿舍、食堂之间。实际上，如果有理想、有目标，要不断提升自身价值，就会打破这种重复，寻找到生活、学习的与众不同，找到许多有差异的事情去做。比如实验室就是一个好的去处。

（四）灵活性

表现在思维起点的灵活性，可以从不同角度、不同方面入手，用各种方法来解决问题；思维过程的灵活性，从分析到综合的整个过程可以做灵活的调整；思维结果的灵活性，产生的结果往往不止一个，必须综合判断，取得最佳结果。思维的灵活性，可以使创新者思路活跃，可以使之在知识的海洋中纵横驰骋，在想象的空间中自由翱翔，可以迅速地从一个思路跳到另一个思路，从一个意境进入另一个意境，并能随着情况的变化而及时地改变或修正所探索课题的研究思路、方向和目标。

思维的灵活性也表现在思考问题时的敏捷善变。求新求变是创新思维最基本的需求。一成不变必定墨守成规，其思维也必定表现出陈旧、保守和模仿。寻求变化可能方向性不明，也可能意外地向不好的方向变。但一定要有变，才有可能出现追求的理想结果。与创新相关的词汇我们可以细细地体会一下：变化、改变、变革、改革、更换、更替、交相辉映、日月轮回……

有追求，就一定要有变化。许多大学生到毕业时，面对前程，非常困惑。究其原因，也是在大学学习生活中不善于求变，或懒于求变。

（五）深刻性

创新思维的深刻性是指思维的深入程度，表现为思维主体在思路的探索上引导发散、思维的方式上综合灵活，因而能够揭示更深一层次的事物规律。遇到问题不能浅尝辄止，更不能回避。这是创新思维的深刻性对人们从事创新实践活动的必然要求。事物内部的规律往往是隐含的。不去深入思考进而深入挖掘，就不可能探寻到事物的本质，也就难以取得突破性的研究成果。

（六）广博性

表现为在知识体系上要宽泛博学，善于多方位地思考问题，善于在不同的知识领域内博采众长。现代科学技术越来越多地体现出多学科融合的特点。边缘学科不断涌现。这就要求有志于创新的人思考问题时要具备广博性的特征。比如一名好的教师，必须拥有渊博的知识和丰富的实践经验，才能更好地驾驭课堂，引导学生走上自强不息的创造之路。

（七）前瞻性

创新思维的前瞻性也就是预见性，主要表现在可以展望事物发展的未来，能够对新事物的发展趋势做深入思考，并以积极的心态迎接挑战。有预见，方能有动力。通过某种思维，通过某种路径，得到某种结果。前瞻性预测也预示着从起点到终点的过程有没有价值，能不能坚持下去

网络世界丰富多彩。置身于互联网时代，是否可以对若干年后网络的发展走向进行预测？

第二章 创新思维形式和障碍

第一节 创新思维的形式

创新思维就是运用各种创新方法深刻认识现有问题与矛盾，得到具有灵活性、批判性和独创性成果的思维方式。

从思维的逻辑关系方面，创新思维方法可分为逻辑思维和非逻辑思维两类；从方向上，创新思维方法可以分为发散思维、收敛思维两类。

从心理层面看，人在认识新事物的活动过程中，大脑思维存在多种形式。可以发散，也可以收敛；可以是逻辑性的，也可以是非逻辑性的。其中又包括很多具体的思维形式。

一、发散思维和收敛思维

发散思维是对待解决的问题从不同角度、不同方向、不同层次进行思索探求，从而得到新构想、新思路、新发现、新方法的思维过程。发散思维的"发散"，强调处理问题时思维的开阔性和广博性。就是尽可能地从问题的各个方面进行剖析，能够想到方位，包括上、下、左、右、前、后，能够贯穿时光，包括问题的过去、现在、未来，能够延伸视角，从微观到宏观，从自然到社会。发散思维是不拘泥于思维定式，思路从一点为中心展开，获得尽量多的方法的一种立体多路思维。美国心理学家吉尔福特（Guilford）最早提出发散性加工和收敛性加工的概念，认为发散加工是以问题为中心，可以是纵向的，也可以是横向的。

发散思维具有以下三个特点：

（一）流畅性

流畅性是指让思想自由发挥，在较短时间内形成并呈现出尽可能多的思路或方法。比如在思考"制冷"方法时，要能够做到从"感觉舒适"和"避免变质"等方面进行多方向的思维发散，想到水、冰、电、平静、吸热放热、化学反应、压缩、空调、冰箱等物质、方法、原理、产品。思维流畅性是建立在知识和经验的基础上的，同时也是经常思考和善于思考的结果。大脑思维的流畅性类似于机器运转过程中运动零部件的润滑程度。

（二）灵活性

灵活性是指思维过程中的变通程度，也就是克服思维定式的能力。灵活性通常借助横向类比、触类旁通、活学活用等方法，促使思维沿不同方向发散。思维灵活往往与思维化相对立，像刻舟求剑、郑人买履等典故都形象地揭示了处理问题时刻板化与灵活的不同效果。灵活性是发散思维的较高层次，它可以使思维的信息量大大增加。

（三）独特性

独特性表现为思维的新异、奇特、独到。即从全新的角度认识事物，提出超乎寻常的新思路，极大地促进创新成果的产生。没有独特性也就谈不上创新性。独特性是创新思维的基本特征之一。在思维发散过程中，必须抓住事物的本质以及待解决问题的关键点，在思维发散的每一个方向、每一个层面发现问题的特殊之处。

发散思维并不意味着思考问题的漫无目的。一方面，人们思考问题时，思维发散的每一个方向、每一个角度、每一个细节都带有明确的目的性，都是为最终解决问题来服务的；另一方面，我们曾讲过，思维本身是人认识事物上升到理性和逻辑层面的结果。既然对事物的认识深入了一定程度，那么思维本身也就必然是围绕着一个总体目标进行的。对于创新而言，鼓励思维的扩展发散，但并不是无边无际，而是要时时回眸审视"归根到底要做什么"这个问题。

收敛思维也称为聚敛思维、集中思维、求同思维等，是把发散思维过程中产生的多种信息多种思路通过比较、分析、综合、推理、评价等方法引导到逻辑序列中，最终获得一个既有创造性，又有可行性的最佳方案。例如在有关提高汽车安全的各种发散设想中，对于某个企业或者个人来说，要改进超系统的交通法规、轨道交通方式肯定不现实；而要发展太阳能汽车、胶囊汽车也只能作为长期发展目标；但是对于电动汽车，混合动力汽车则可以一试。而对于汽车子系统来说，这正是大有可为的方向。

收敛思维是人们思维过程中针对目的性而产生提示作用的思维方式，它是一种求同思维，它是把各种思维方向得到的结果取其精华，全面地考察问题，为寻求一种具有创新和应用价值的结果而梳理、筛选、综合、统一多种发散思维得到的结论。发散思维是一种求异思维，为在广泛的范围内搜索，要尽可能地放开，把各种不同的可能性都设想到。

收敛思维与发散思维是一种辩证关系，既有区别又有联系，既对立又统一。没有发散思维的广泛收集、多方搜索，收敛思维就没有了加工对象，就无从进行；反过来，没有收敛思维的认真整理、精心加工，发散思维的结果再多，也不能形成有意义的创新结果，也就成了废料。只有两者协同动作、交替运用，一个创新过程才能圆满完成。

从汽车总体结构和驱动原理进行横向思维发散，可以提出各种提高汽车安全的方案。纵向提高汽车安全的思路可以从超系统和子系统两方面考虑。各思路之间有的具有逻辑性，有的却没有逻辑上的因果联系，所以吉尔福特认为："正是发散思维，使我们看到创新思维的最明显的标志。"发散思维可以用灵活性、敏捷性和独创性三个维度进行评价。敏捷性是灵活性和独创性的前提，灵活性则是创新的关键。

二、形象思维和抽象思维

形象思维是在对形象信息传递的客观形象体系进行感受、储存的基础上，结合主观的认识和情感进行识别，并用一定的形式、手段和工具创造和描述形象的一种基本的思维形式。形象是指客观事物或者现象的外在特点和具体表象在人脑中的反映。形象思维是通过外在特点和表象来对事物的现象和本质进行思考，其表达方式主要有语言、图表、音像、模型、动作等。形象思维具有形象性、直观性、灵活性和模糊性。例如，仿生学中从蜜蜂蜂房的正六边体结构的具体结构出发设计出既轻巧又坚固的新型建筑结构。

现实中，人们接触的物品都是有形的，在人们脑中会形成直观形状的印象或映象。人们处理的多数事情往往也是直接的，如选择出行路线、确定服装款式。利用直观的、直接的事物去思考，去分析判断，从而得到思路或方法的认识过程，就是形象思维。形象思维关注的是事物的表象，通过表象特征得到解决问题或构建事物的方法，这是形象思维的存在价值。对于一些晦涩难懂的东西，就是抽象的东西，人们往往做形象类比，借助于简单有形的事物或道理去理解。例如，引力波的发现是科学上的重要突破，对于引力波人们难以理解。借助电磁波上百年来对人类生活的影响，可以理解引力波在不久的将来给人类生活带来又一个质的飞跃。形象思维是一种常见的思维现象，它对创新会产生直接的促进。形象思维是反映和认识事物本质特征的重要思维形式，是开发人的大脑，培养人、教育人的有力工具。在科学研究中，科学家除了使用抽象思维以外，也经常使用形象思维。爱因斯坦是一个具有超凡逻辑思维能力的大师，但他却非常善于发挥形象思维的自由创造力，他所构思的种种理想化实验就是运用形象思维的典型范例。这些理想化实验并不是对具体的事例运用抽象化的方法，舍弃现象，抽取本质，而是运用形象思维的方法，将表现一般、本质的现象加以保留，并使之得到集中和强化。爱因斯坦著名的广义相对论的创立实际上就是起源于一个自由的想象。

在企业经营中，形象思维是企业家在激烈而又复杂的市场竞争中取胜不可缺少的重要条件。高层管理者离开了形象信息，离开了形象思维，他所得到的信息就可能只是间接的、过时的甚至不确切的，因此也就难以做出正确的决策。

与形象思维相对应的是抽象思维。抽象思维也属于思维的高级形式，它是利用概念，借助符号进行思维的方法。比如牛顿第二定律 $F=ma$ 就是对自然界物体运动和动力本质规律的高度抽象总结概括。抽象思维的主要特点是通过运用分析、综合、抽象、概括等基本方法，揭示事物的本质和组成要素间的规律性联系。从具体到抽象，从感性到理性，人的思维认识过程必须运用抽象思维方法。

三、灵感思维

灵感思维是指凭借直觉进行的快速、顿悟性的思维。

它不是一种简单逻辑或非逻辑的单向思维运动，而是逻辑性与非逻辑性相统一的理性思维整体过程。灵感是人们思维过程中认识飞跃的心理现象，一种新的思路突然接通。这种状态能导致艺术、科学、技术新的构思和观念的产生或实现。简而言之，灵感就是人们大脑中产生的新想法。现代科学研究表明，灵感是大脑的一种特殊技能，是思维发展到高级阶段的产物，是人脑的一种高级的感知能力。正如著名科学家钱学森所说："我认为现在不能以为思维仅有逻辑思维和形象思维这两类，还有一类可称为灵感。也就是人在科学和文艺创作的高潮中，突然出现的、瞬息即逝的短暂思维过程。它不是逻辑思维，也不是形象思维，这两种思维持续的时间都很长，以至人们所说的废寝忘食。灵感时间极短，几秒钟而已。总之，灵感是又一种人们可以控制的大脑活动，又一种思维，也是有规律的。"

灵感是什么？灵感也叫顿悟，是瞬间的领悟。从下面的句子中我们体会一下：

踏破铁鞋无觅处，得来全不费功夫。

灵机一动，计上心来。

山重水复疑无路，柳暗花明又一村。

一语惊醒梦中人。

众里寻他千百度，蓦然回首，那人却在灯火阑珊处。

灵感很像科学中的脉冲，具有突发性。科学家受某种直觉诱发，突然得到解决问题的思路或方法；文学艺术家受某种激发而文思泉涌；警察破案时受蛛丝马迹的启发顿悟案情线索。这些都是灵感在发挥作用。

灵感是人们对事物或问题进行思维的过程中认识产生飞跃的心理现象。常说的要善于抓住灵感，一方面说明灵感对于认识和创造的价值；另一方面也说明了灵感随机性、偶然性和稍纵即逝的特点。"有心栽花花不开，无心插柳柳成荫"，就包含这样的道理。灵感思维是指凭借直觉而进行的快速、顿悟性的思维。

在解决问题中人们都希望出现灵感，那么灵感来自哪里呢？应该说，灵感是长期思考和积累的结果。或者说灵感是勤奋耕耘的结果。人们常说就差捅破一层窗户纸，如果没有之前的准备，怎么能一下子就到了捅破窗户纸这一步？

从珍妮纺纱机的发明过程中，可以体会到灵感思维在创造中发挥的作用。

四、求同思维和求异思维

求同思维和求异思维是创新思维方法辩证统一的两方面。客观世界本身就是相似性与差异性的统一，同中有异、异中有同，由此决定了以创新为宗旨的思维方式必须坚持求同存异的辩证思想。

求同思维是从已知的事实或命题出发，通过沿单一方向顺序推导来获得满意结果的思维方式。归纳法是获得事物共同特征和规律的基本方法。把归纳出的共同特征和规律进行推广的方法是演绎。在这些方法中，肯定性的推断是正面求同，否定性的推断是反面求同。求同思维是沿单一的思维方向，追求思维的顺序和缜密性。能够以严谨的逻辑性展开思考，遵循客观，从实际出发来揭示事物内部存在的特性和规律，并注重用实践检验结果。

运用求同思维的步骤如下：

①在各种不同的事物中找出与问题主题相关的若干事物。

②寻找这些事物中存在的共同特征。

③根据实际需要，从某个结合点着手，将这些事物求同，产生新的策略或研发思路。

孔子曰：君子和而不同。和而不同是孔子所描述的一种十分理想的境界。和是指一种多样性有差别的统一，不同是指有自己的理念不盲目遵从他人。总的来说就是坚持自己的理想信念并包容理解别人的想法。将和而不同用于解决问题、处理矛盾上，就是综合了求同思维和求异思维，注重思维的灵活性和善变性，辩证地看待事物。只有这样，才能在复杂多变的事物中，抓住创新特质，产生创新思路。

求异思维是指在相同或相似的多个事物中，寻找它们的相异之处。每一种具体事物都具有无穷多的属性，因而任何事物之间都不可能完全相同，都或多或少地存在差异。求异思维是形成世界丰富性和多样性的客观基础。求异思维是有创造性的思维。即通过思维创造性活动，不仅揭露事物的本质及其内在联系，而且可以得到在这个基础上产生新颖的、超出一般规律的思维成果。求异思维重在开阔思路，启发联想，从各方面、各角度、各层次思考问题，并在各种结构的比较中，选择富有创造性的异乎寻常的新构思。

求异思维就是要求得与众不同。人都有自己的思考习惯。多数人思考问题时习惯于"求同"，人们常说的"从众""随大溜""人云亦云"现象在社会上随处可见。过于求同是惯性思维的典型表现。后面还会谈到，惯性思维严重阻碍创新思维过程。

求异思维是一种不受已有信息和以往思路的限制，从不同方向、不同角度寻求不同答案的思维方式。许多约定俗成的事情，如果加上"未必""不见得"等词，思维就会转向"求异"。如"近朱者未必赤""近墨者未必黑""近水楼台后得月""常在河边站，就能不湿鞋"等。数学上的一题多解、伯乐和千里马的典故都包含着求异思维。

当今时代，日益发展的互联网已成为继报纸杂志、广播、电视之后应用最广泛的媒体，网络新闻已成了一种即时化、个人化、交互化、多媒体化的全新的新闻传播形式，求异思维在网络新闻写作中找到了更为广阔的用武之地。

在处理问题时，特别是在外交场合，求同存异是一个原则，是充分发挥创新思维的特征，找出矛盾双方的共同点而又不排斥对立的意见。这是在思维层面对宽容的一种解释。和而不同是达到一定高度后的一种境界，求同存异则是达到这种高度的一种修炼方法。

五、联想思维

联想思维是在某种外部诱因的条件下，人脑中将一种事物与另一种事物联系起来，并同时发现了它们共同或相似规律的思维方式。联想思维主要有三种形式：

①接近联想：接近联想是根据事物之间在空间或时间上的彼此接近进行联想，进而产生某种新设想的思维方式。俄国化学家门捷列夫1869年排出元素周期表时，表中只有63种元素，还有很多空缺。门捷列夫按照原子质量顺序排列，预言在两个不同的元素之间的空缺位置上一定有未发现的元素，并进而联想这些未知的元素在化学性质上一定介于前后两种元素之间。

②相似联想：相似联想就是由某一事物或现象想到与它相似特征的其他事物或现象，进而产生某种新设想的思维方式。这种联想可以是外形、性质、功能等方面。从鸟类飞行联想到机器的飞行，早期的飞机的确是按照这个思路进行的，出现了许多"扑翼飞机"，这种情况直到莱特兄弟的用实验证明固定翼飞机具有更大的优越性能才结束。

③对比联想：对比联想是根据事物之间存在着的互不相同或彼此相反的情况进行联想，从而引发出某种新设想的思维方式。美国的布什耐发现有几个孩子在玩一只昆虫，这只昆虫满身泥垢，长得十分难看，他想市场上都是形象优美的玩具，假如生产一些丑陋的玩具投入市场会如何呢？结果这些玩具带来了丰厚的利润。

联想思维就是大脑在认识并创建新事物时，或是在解决问题时，根据事物的原理、功能以及社会的需求，或是要解决问题的现象，同时受到周边能够建立联系的事物的启发，在头脑中自我构建新事物的轮廓、映象和结构的过程，就是由此及彼认识或创建新事物或是解决问题的心理活动过程。鲁班造锯、尼龙扣的发明都包含着联想思维的运用。

让思维拓展开来，让思维跳跃起来，是网络时代对有志于创新者的希望。人们常说，想象力再丰富一些，很大程度上是指大脑的联想能力再增强一些。联想思维是创新的重要思维形式。世间万物都是联系的、运动的、发展的。通过联想可以建立已知事物和未知事物之间的联系，也可以根据事物从过去到未来的演变寻求新事物的发展趋势，从而为发现新事物开辟新的途径。

"一带一路"与联想和创新高度融合，它跨越时空，从历史深处走来，承载着丝绸之路沿途各国发展繁荣的梦想，赋予古老丝绸之路以崭新的时代创新内涵。

很多物品的发明创造都来源于联想思维。智能手机功能不断拓展，就是通过联想建立多种事物相互联系的过程。多用途拐杖也是把原来没有相关性的手握按摩、微型电筒、收音机整合在拐杖中。从飞机轮船到电灯、电话再到现代工程广泛应用的有限元技术，联想思维在其发明产生过程中发挥了重要作用。

文学艺术作品中的联想也是很常见的。"欲把西湖比西子，淡妆浓抹总相宜"、荷塘月色、白杨礼赞中的意境充分运用了联想思维。

六、直觉思维

直觉思维是指对一个问题未经逐步分析，仅依据内因的感知迅速地对问题做出判断、猜想、设想，或者在对疑难百思不得其解之时，突然对问题有"灵感"和"顿悟"，甚至对未来事物的结果有"预感""预言"等都是直觉思维。因此直觉思维又称为"顿悟"或者"灵感"。

直觉思维是一种心理现象，不是对个别刺激物所产生的反应，它不是反复试错的过程，而是对整个情境、任务目的和拟解决的问题、应用方法等关系的整体理解，因此在创造性思维活动的关键阶段起着极为重要的作用。直觉思维具有直接性、跳跃性、个体性、或然性等特征。

凯库勒关于苯环结构的假说，在有机化学发展史上做出了卓越贡献。他早年主修建筑学，具有一定的形象思维能力，他善于运用模型方法，把化合物的性能与结构联系起来，他的苦心研究终于有了结果。1864年冬天，他的科学灵感使他获得了重大的突破。他曾记载道："我坐下来写我的教科书，但工作没有进展，我的思想开小差了。我把椅子转向炉火，打起瞌睡来了。原子又在我眼前跳跃起来，这时较小的基团谦逊地退到后面。我的思想因这类幻觉的不断出现变得更敏锐了，现在能分辨出多种形状的大结构，也能分辨出有时紧密地靠在一起的长分子，它围绕、旋转，像蛇一样地动着。看！那是什么？有一条蛇咬住了自己的尾巴，这个形状虚幻地在我的眼前旋转着。像是电光一闪，我醒了。我花了这一夜的剩余时间，做出了这个假想。"于是，凯库勒首次满意地写出了苯的结构式，指出芳香族化合物的结构含有封闭的碳原子环。它不同于具有开链结构的脂肪族化合物。

太空无引力环境，当宇航员离开太空船时需要一根柔软，但是在紧急情况下变硬的太空绳。美国太空总署的工程师马顿接受这个任务，经过无数次试验都没有找到软硬兼备的绳子。一次去朋友家做客，朋友孩子的串珠长颈鹿玩具在穿过珠子的绳子控制之下可以直立可以瘫倒，马顿为之茅塞顿开，终于找到了串珠加外套的太空绳。

七、侧向思维

侧向思维又称旁通思维，是沿着正向思维旁侧开拓出新思路的一种创造性思维。通俗地讲，侧向思维就是利用其他领域里的知识和资讯，从侧向迂回地解决问题的一种思维形式。在日常生活中常见人们在思考问题时"左思右想"，说话时"旁敲侧击"，这就是侧向思维的形式之一。在创造性思维中，如果只是顺着某一思路思考，往往找不到最佳的感觉而始终不能进入最佳的工作状态。这时可以让思维向左右发散，或做逆向推理，有时能得到意外的收获，从而促成思维的完善和创作的成功。

提到侧向思维，人们总能想到一些成语：触类旁通、旁敲侧击、左思右想、另辟蹊径、他山之石、柳暗花明、醉翁之意不在酒。从这些成语中可以体会到，当主要矛盾难以直接克服时，进行多方思考，注重侧向迂回，换一条路径也能达到同一目标。现实中，无论是社会还是自然，硬碰硬往往两败俱伤，以柔克刚反而效果更好。条条大路通罗马，我国的交通建设飞速发展，到达同一目的地的选择越来越多，这就启发我们运用思维来解决问题时也要充分灵活。

侧向思维是发散思维的一种形式，这种思维的思路、方向不同于正向思维、多向思维或逆向思维，它是沿着正向思维旁侧开拓出新思路的一种创造性思维。侧向思维包括以下三种形式：

（一）侧向移入

侧向移入指摆脱思维惯性，跳出框框，不拘泥于本领域的思维范畴，经常侧向审视思考问题的解决途径。将其他领域已运用成熟的技术方法、原理等移植过来加以利用；也可以从本学科以外事物的特性和原理中得到启发，产生对待解决问题的创新设想。如轴承作为运动装置不可缺少的组件，人们不断地对其结构进行研究改进，以期性能得到进一步提升。但正常思路无非是改变滚珠形状、轴承结构或润滑剂等，都不能带来大的突破。后来，有人把视野转到其他方向，想到高压空气可以使气垫船漂浮，相同磁性材料会相互排斥并保持一定的距离。于是，将这些新设想移入轴承中，发明了不用滚珠和润滑剂，只需向轴套中吹入高压空气，使旋转轴呈悬浮状的空气轴承，或用磁性材料制成的磁性轴承。侧向移入是解决技术难题或进行管理创新、产品创新的最基本的思维方式，其应用实例不胜枚举。如鲁班由茅草的细齿拉破手指而发明了锯；威尔逊移入大雾中抛石子的现象，设计了探测基本粒子运动的云雾器；格拉塞观察啤酒冒泡的现象，提出了气泡室的设想，等等。大量的事例说明，从其他领域借鉴或受启发是创新发明的一条捷径。

（二）侧向转换

侧向转换指不按最初设想或常规直接解决问题，而是将问题转换成它的侧面的其他问题，或将解决问题的手段转为侧面的其他手段等。普通电冰箱应用广泛，产品竞争激烈，利润率很低，一些厂商显得束手无策。而日本人却异军突起，发明了一种尺寸很小的微型冰箱。投入市场后，由于可以在多场合使用，除办公室外，还可以安装在野营车上，因此得到迅速推广。微型电冰箱与家用冰箱在工作原理上没有区别，其差别只是产品所处的环境不同。日本人把冰箱的使用方向由家居转换到了办公室、汽车、室外等其他侧翼方向，有意识地改变了产品的使用环境，引导和开发了人们潜在的消费需求，从而达到了创造需求、开发新市场的目的。

（三）侧向移出

与侧向移入相反，侧向移出是指将现有的设想、已取得的发明、已有的感兴趣的技术和本厂产品，从现有的使用领域、使用对象中摆脱出来，将其外推到其他意想不到的领域或对象上。这也是一种立足于跳出本领域，克服线性思维的思考方式。

拉链的发明曾被誉为影响现代生活的十项最重大的发明之一。它的发明人贾德森是为了解除系鞋带的麻烦而想到的，并于1905年取得了专利权。这项发明吸引了一个叫霍克的军官，他决定建厂生产拉链，但需要特殊的机器才能批量生产。霍克经过19年的时间才研制出拉链机，可有了拉链却没有人用这个东西代替鞋带。他用了很大的努力仍然找不到销路。后来，一个服装店老板将思路引向了鞋带以外，生产出带拉链的钱包，赚了一大笔钱。从那以后，半个世纪以来，拉链几乎渗透到人类生产、生活的每一个角落。

总之，不论是利用侧向移入、侧向转换还是侧向移出，关键的窍门是要善于观察，特别是留心那些表面上似乎与思考问题无关的事物与现象。这就需要在注意研究对象的同时，间接注意其他一些偶然看到的或事先预料不到的现象。也许这种偶然并非偶然，可能是侧向移入、移出或转换的重要对象或线索。

从毛泽东在四渡赤水战役中运用的哲学思想和创新思维方式也可以体会出侧向思维的重要意义。在以下典故中都存在侧向思维道理：孟母断织、草船借箭、曹冲称象、围魏救赵、项庄舞剑。

八、逆向思维

逆向思维，也称逆反思维或者反向思维，是指转换思维角度，从反方向来思考问题的思维方式。逆向思维本质上还是属于发散思维，只不过一般的发散思维总是遵循一定的逻辑思维方式，而逆向思维则常常有情理，但正是这种反逆常带来意想不到的创造性成果，所以把它单列为第三种思维方向。人们一直认为爆炸是一种破坏性行为，在进行汽车安全设计时尽力避免爆炸现象。但是现在汽车都使用安全气囊，而且在高级汽车中还不止使用一个。其基本原理就是利用汽车碰撞的瞬间，传感器和微处理器判断撞车程度，传递及发送信号。气体发生器根据信号指示产生点火动作，点燃固态燃料并产生气体向气囊充气，使气囊迅速膨胀，利用气囊里爆炸成分爆炸时间更快于碰撞，使气囊瞬间膨胀变成柔软的保护性气囊层，从而提高人员的安全性。

创新思维讲求突破传统思维或是常规思维。世上存在很多约定俗成的东西，特别是长期左右人思想的所谓"讲究"，所谓的"例儿"，束缚着人们的创新思维。当沿着常规思维方向分析解决问题而百思不得其解时，能不能向相反方向探寻一下？这一思路对于寻求突破很重要，思维适时逆向发展，往往会使人眼前一亮。

逆向思维是一种有意识从常规思维的反向去思考问题的思维方式。它是由事物对立统一两面性决定的。反方向思考问题并不能保证问题得到完全解决，但它有助于判断原先的努力方向是否正确，要做哪些调整。

逆向思维与求异思维相近，求异思维强调不同，逆向思维强调反向。当我们为某事不能确定如何做而纠结时，采用逆向思维可以帮助我们进行选择。需要思考的问题是"如果不这样做会如何？"从乘坐交通工具到解决技术问题无不如此。生活中的反思、数学上的反证、哲学上的否定之否定，都来源于逆向思维。

逆向思维蕴含着丰富的辩证思想和哲学智慧。对立统一是事物存在和发展的根本规律，也是逆向思维方式的理论基础。大家从诗句"蝉噪林愈静，鸟鸣山更幽"中体会一下意境，从动静的对立统一可以理解当正向和逆向对比鲜明时，问题的解决路径可能变得豁然开朗。

臧克家的诗"有的人活着，他已经死了；有的人死了，他还活着……"从精神和肉体对立统一的两方面阐述了人的生存价值，其中也蕴含着逆向思维的哲理。

与逆向思维相对应的正向思维是由条件推解结论的思维过程。它是按常规思路考虑问题，以时间进程为顺序的自然思维过程。正向思维依据事物的发展过程，是人们习惯采用的思维方式，是在对事物过去、当前充分分析的基础上，探索未知、寻求问题的解决方案。正向思维有如下特点：

①在时间维度上是与时间方向一致的。符合事物的一般发展规律和认识的自然过程。

②能较好地认识具有统计规律的现象，发现和认识符合正态分布规律的新事物并把握其本质。

③对常规问题有较高的处理效率，取得较好的效果。

第二节　创新思维的方法

创造技法是根据创新思维发展规律总结出的发明创造的一些原理、技巧和方法。创造技法蕴含了发明创造的方法问题，是创新思维引导下的创新方法。

一、关于方法

在人们对未知事物的探索中，不能盲目，不能混乱，必须做到目标明确、头脑清醒、条理清晰。所谓"格物致知"，出自《礼记·大学》，原文为"致知在格物，物格而后知至"。"格物"是指事物有其规律，引申为按规律、守规矩做事做人。它是中国古代儒家思想的一个重要概念，为儒家认识论、方法论的重要观点。按规律做事实际就是处理问题要讲究方法。

（一）方法的含义

在日常学习生活中，经常会涉及方法问题，如"要掌握正确的学习方法"。方法就是"如何做"的问题，它是在理性思考中形成的。因而所有解决问题的方法都离不开思维"方法，行事之条理也"，凡能提供解决问题之道者，皆为方法。

方法一般是指为获得某种东西或达到某种目的而采取的手段与行为方式，方法在哲学、科学及生活中有着不同的解释与定义。

从哲学的角度看，方法体现在对方法论的认识上。方法论是人们认识世界改造世界的根本方法，也是一般方法，它是普遍适用于社会各个领域并起指导作用的范畴、原则、理论、方法和手段的总和。理解方法论，离不开对世界观的认识。世界观是人们对世界的总体看法和根本观点。概括地说，世界观主要解决世界"是什么"的问题，方法论主要解决"如何做"的问题。在处理问题时，一定要树立正确的世界观，并注意到世界观在对事物的认识和实践过程中的具体运用即方法。方法论是关于方法的理论。世界观与方法论密切联系、相互依存。既没有与世界观相脱离、相分裂，孤立存在的方法论，也没有不具备方法论意义的纯粹的世界观。一般说来，对世界认识的基本观点如何，观察、研究、改造世界的方法也就如何。用形而上学的世界观去指导认识和改造世界，便是形而上学的方法论；用辩证唯物主义的世界观去指导认识和改造世界，便是辩证唯物主义的方法论。

从科学的角度看，科学方法是在正确的世界观和方法论指导下在自然和社会领域形成的具有理论和现实意义，能够有效促进对事物本质规律认识的方法，是人们在认识和改造世界过程中普遍遵循或使用的、符合科学一般原则的各种方法和手段，包括在科学研究、开发应用等科学活动过程中采用的思路、程序、规则、技巧和模式。简言之，科学方法就是人类在所有认识和实践活动中所运用的全部正确方法。科学方法具有主体性、规律性和客观真实性的特征。主体性体现了在科学实践活动中人的主观能动性的发挥始终占有主导地位，是认识实践活动主体的主动性、创造性、目的性的充分体现。规律性一方面体现了辩证唯物主义事物普遍联系的原理，另一方面也是科学研究对事物本质规律认识过程必须系统化、程序化的表达。客观真实性是探索自然和社会，认识事物内在本质的必然要求，它是理论与实践相结合的科学原则，它要求理论探索、实验验证、数据获取的认识过程必须严谨缜密。

从生活的角度看，方法问题决定着人们为人处世、接人待物的效果和效率，也决定着人的思维水平层次和自身的个性素养。生活中处理问题的方法，无论是简单还是复杂，都与人的世界观、人生观、价值观密切相连。有的人遇到事情优柔寡断，思想化，有的人却能当机立断、灵活多变。这固然与自身天性有关，但更重要的是后天磨炼。常说的遇事顾全大局、换位思考，实际也是方法问题。社会纷繁复杂，人际关系、家庭矛盾、社会交往存在于人一生的每时每刻。对待生活的态度，也影响着一个人处理问题的方法。在市场经济环境，在网络生活时代，人思考和处理任何事物都围绕"利益驱动"，有时不利于人的身心发展，也是社会存在的一个大问题。学习方法、探索方法，不断提升对事物的理性认识水平，是个体自身发展的重要标志。

（二）方法的来源

成功者找方法，失败者找借口。寻求方法是为了解决问题，那么方法都来自哪里？首先，方法来自思考。不进行苦苦探寻，不经过深思熟虑，解决问题的方法怎能得到？想办法，琢磨点子，盘算着怎么办，这些都是在寻找解决问题的方法。由此可见，方法是需要思考的。机器运转不正常了，必须根据现象分析产生问题的原因，判断出是机械零件磨损了，还是电子元件老化了，抑或是控制环节失效了，从而找到机器维修的方法，确定维修方案。这个过程很大一部分是工程师大脑活动的结果，即根据问题现象和功能原理进行的细致思考。遇事没主意实际就是不愿意动脑筋，不主动思考，从而也找不到解决问题的方法。实际上，思考本身也存在方法问题。如何思考？涉及最终形成的方法是否有效。可以说思考方法对于解决问题十分关键，它涉及许多创新思维的形式。

其次，方法来自知识。如果脑子里空空如也，再怎么思考也得不到好的方法。因此，方法的第二个来源就是知识。知识是人类在实践中认识客观世界和人类自身的成果总结，它包括对事物内在和外观的描述或在教育和实践中获得的技能。知识是人类在长期生产实践中对事物客观规律的系统认识。在思考问题寻找方法时，必须在相关领域拥有丰富的知识，只有这样，遇到问题时才能产生联想，才能进行正确的选择和判断。比如，在研究机器的运动和动力问题时，必须懂得牛顿力学原理，借助于相关力学知识，才有可能取得研究成果，进而产生发明创造。获取知识的广度与深度，直接影响方法的形成及有效性。知识必须转化为方法才能服务、造福于社会。

最后，方法来自经验。单纯的知识作为方法用于理性的分析、解题是可以的。对于人类社会赖以生存发展的工程建造物的发明创造方法，依赖单纯的知识是不行的。人们使用的物品来源于实践，其生产方法也一定是经过实践经验得来的。

经验指人们在同客观事物直接接触的过程中通过感觉器官获得的关于客观事物的现象和外部联系的认识。从广义上讲，经验也属于知识的一种。但经验更强调经反复实践获得的应用性极强的知识。辩证唯物主义认为，经验是在社会实践中产生的，是客观事物在人们头脑中的反映，是认识的开端，并伴随着认识的深入而不断成熟。经验的积累是走向成功的必由之路。

目前我国正在大力提倡"工匠精神"。什么是工匠？专注于某一领域、针对这一领域的产品研发或加工过程全身心投入，精益求精、一丝不苟地完成整个工序每一个环节的人，可称其为工匠。某一领域的工匠，必定对该领域的工作具有丰富的经验，能够专注于某个产品或某道工序，在精雕细刻过程中，改进现有方法，创造新的方法。工匠精神就是追求卓越的创造精神、精益求精的品质精神、用户至上的服务精神。"精于工，匠于心，品于行"高度概括了工匠精神的内在本质和精髓。

二、创造技法

创造技法是基于大脑思维的创新方法，技法是指技艺加上方法。典故"庖丁解牛"借厨师熟练剖解全牛的过程，告诉人们从反复的实践中掌握事物的客观规律，就能在处理问题时得心应手、运用自如。这里体现的就是技法。

（一）智力激励法

人的创新思维和创新潜能是需要刺激和激发的。采用什么样的方式去刺激和激发？在现实中每一个创新项目的实施，都是提出问题、分析问题、解决问题的过程。在这个过程中，方案集体论证是非常重要的。智力激励法就是一种借助创新项目激发团队成员创造能力的创造技法。它把一个组的全体成员组织在一起，使每个成员都毫无顾忌地发表自己的观点，既不怕别人的讽刺，也不怕别人的批评和指责。

智力激励法的创建者是创造工程学的奠基者奥斯本，又名头脑风暴法，是利用群体思维的互激效应，针对专门问题进行集体创造活动的方法。智力激励法是一种创造能力的集体训练法，它把一个组的全体成员都组织在一起，使每个成员都毫无顾忌地发表自己的观点，既不怕别人的讽刺，也不怕别人的批评和指责，它适合解决那些比较简单、严格确定的问题，比如研究产品名称、广告口号、销售方法、产品的多样化研究等，以及需要大量的构思、创意的行业，如广告业。

智力激励法的核心是"集智"和"激智"。"集智"就是把众人的智慧集中起来，其基础是相信人人都有创造力。"激智"就是把众人潜在的智慧激发出来。科学测试证实，在集体联想时，成年人的自由联想可以提高65%～93%，而且在集体竞争时，人的心理活动效应可以增强50%以上。智力激励法的种种非同寻常的特殊规定和方法技巧，能形成一种有益于激励而不会压抑创造力的气氛，使参与者能够自由思考，任意想象，并在相互启发中引出更多、更新颖的创造性设想。

智力激励的有效性在于它的四项原则，这四项原则是人们对创造机制的深入认识并力求驾驭的结果。

①自由畅谈原则：核心是求新、求奇、求异。这一原则要求与会者解放思想，不受任何传统思维和常规逻辑的束缚，克服心理惯性和思维惰性的影响，充分运用创新思维方式，从广阔的学科领域寻找新颖、独特的发明设想。

②延迟评判原则：这一原则是限制在讨论问题时过早地进行评判，对所提各种设想，不做任何肯定或否定性评论。坚持这一原则是为了克服评判对创新思维的抑制作用，保证自由思考原则的贯彻执行，形成良好的激励气氛。

③以量求质原则：目的在于以创造性设想的数量保证创造性设想的质量。奥斯本认为，理想结论的获得常常是一个逐渐逼近的过程。在进行创造性解决问题时，最初的设想往往并非最佳。据统计，一批设想的后半部分的价值比前半部分高78%，一个在相同时间内比别人多提出2倍设想的人，最后产生有实用价值设想的可能性比别人高10倍。因此，以量求质原则强调与会者在有限时间内，加快思维的流畅性、灵活性和求异性，尽可能多而广地提出新设想。在追求数量的活跃而积极的气氛中，有利于引导与会者集中精力构思新设想。只有提出大量设想，才能选出最优设想。

④结合改善原则：鼓励与会者积极参与知识互补、智力互激的信息增值活动。在智力激励会上，任何一个人提出的新设想都能构成对其他人的信息刺激，且有知识互补和互相诱发激励的作用。因此，参与者要仔细倾听他人的发言，注意在他人启发下及时修正自己不完善的设想，或把自己的想法与他人的想法加以综合，取长补短，提出更完善的创意和方案。

（二）形态分析法

形态即形式及状态，指事物存在的形貌，或在一定条件下的表现形式。"形态"作为事物外在的表现形式，是可以把握、感知、理解的。事物的形态分两大类，一类是"物"的形态，包括自然界中自然存在的和通过工程建造得到的有形物的形态，也包括物质的存在形式，如气态、液态、固态；另一类是社会中一些现象的存在形式，如意识形态是指人的大脑对事物反映的主观印象形式。对待同一事物，有可能是积极的形式，也有可能是消极的形式；有可能是正面的形式，也有可能是负面的形式。因此，在意识形态领域内，人对事物的认识是需要不断加以引导的。除意识形态外，还有社会形态、经济形态、思想形态等概念。

人认识事物有一个由表及里、由浅显到深入的基本过程。形态分析法是根据形态学来分析事物的方法，是瑞典天文物理学家卜茨维基于1942年提出的，其特点是把研究对象或问题分为一些基本组成部分，然后对某一个基本组成部分单独进行处理，分别提供各种解决问题的办法或方案，最后形成解决整个问题的总方案。这时会有若干个总方案，因为是通过不同的组合关系而得到不同的总方案的。所有的总方案中的每一个是否可行，必须采用形态学方法进行分析。

形态分析法的通常步骤：

①确定对象：明确用此技法所要解决的问题（发明、设计）。
②因素分析：将要解决的问题，按重要功能等基本组成部分，列出有关的独立因素。
③形态分析：详细列出各独立因素所含的要素。
④形态组合：将各要素排列组合成创造性设想。
⑤优选方案：选出较优的设想后，进行具体分析，得出最佳方案。

用形态分析进行新品策划，具有系统求解的特点。只要能把现有科技成果提供的技术手段全部罗列，就可以把现存的可能方案"一网打尽"，这是形态分析方法的突出优点。但同时也为此法的应用带来了操作上的困难，突出地表现在如何从数目庞大的组合中筛选出可行的新品方案。如果选择不当，就可能使组合过程的劳动付诸东流。因此，在运用形态分析过程中要注意把好技术要素分析和技术手段的确定这两道关。比如在对洗衣机的技术要素进行分析时，应着重从其应具备的基本功能入手，对次要的辅助功能暂可忽视。在寻找实现功能要求的技术手段时，要按照先进、可行的原则进行考虑，不必将那些根本不可能采用的技术手段填入形态分析表中，以免组合表过于庞大。当然，一旦形态分析法能结合电子计算机的应用，从庞大的组合表中进行最佳方案的探索也是可以实现的。

三、列举法

在创新过程中，人们总是在权衡，在比较。要权衡比较，就必须罗列，把好的和不好的罗列出来，还希望什么？还欠缺什么？存在的缺陷如何弥补？解决了这些问题，发明创造就产生了。这里谈的方法，就是列举创新法，它是具体运用发散性思维来克服思维定式的一种创造技法。

列举法是一种借助对一具体事物的特定对象（如特点、优缺点等）从逻辑上进行分析并将其本质内容全面地一一地罗列出来的手段,再针对列出的项目一一提出改进的方法。列举法是具体运用发散性思维来克服思维定式的一种创造技法。该技法人为地按某种规律列举出创造对象的要素分别加以分析研究,以探求创新的方向和目标。

(一)属性列举法

人们对某一事物的改进创新,往往会感到束手无策。任何复杂的问题都是简单问题的叠加,把一个复杂的问题分解为若干部分,然后各个击破,整体的问题就迎刃而解了。属性列举法是用一个词来描述产品的一个属性,这些词分为名词、形容词、动词三大类。然后,逐一思考每个词的替代、修改、取消、补充,只要某一特性得到改进,其整体性能就可能出现质的飞跃。

属性列举法是偏向物性、人性的特征来思考,主要强调创造过程中观察和分析事物的属性,然后针对每一项属性提出可能改进的方法,或改变某些特质(如大小、形状、颜色等),使产品产生新的用途。属性列举法的步骤是列出事物的主要想法、装置、产品、系统,或问题的重要部分的属性。然后改变或修改所有的属性列举法。其中必须注意一点,不管多么不切实际,只要是能对目标的想法、装置、产品、系统或问题的重要部分提出可能的改进方案,都在可以接受的范围内。

(二)希望点列举法

在日常生活中,人们总是对客观存在或想象中的事物抱有各种希望,希望一种新事物的诞生或在原有基础上的改进能够给人带来更多的便捷、更大的生活愉悦。人类社会的发明创造可以说都是来自希望,来自对新生活的渴望。人们希望能像鸟一样在天上飞,于是发明了飞机;人们希望能像鱼一样在水里遨游,于是发明了轮船和潜艇。根据人们提出来的种种希望,经过归纳,沿着提出希望达到目的的路径进行创造发明的方法即为希望点列举法。每一种商品的演变,都是沿着希望的轨迹前行。

希望点列举法是偏向理想型设定的思考,是透过不断地提出"希望可以""怎样才能更好"等的理想和愿望,使原本的问题能够聚合成焦点,再针对这些理想和愿望提出达成的方法。希望点列举法的步骤是先决定主题,然后列举主题的希望点,再根据选出的希望点来考虑实现方法。

(三)缺点列举法

从发展的眼光来看,世界上的一切事物都不可能尽善尽美,一旦找到这些事物的"缺点"并加以改进,事物就会得到提高。缺点列举法就是通过发现、发掘事物的缺陷,把它的具体缺点一一列举出来,然后,针对这些缺点,设想改革方案,进行创造发明;直接从社会需要的功能、审美、经济等角度出发,研究对象的缺陷,提出改进方案,简便易行。此法主要是围绕着原事物的缺陷加以改进,一般不改变原事物的本质与总体。

缺点列举法是偏向改善现状型的思考,透过不断检讨事物的各种缺点及缺漏,再针对这些缺点一一提出解决问题和改善对策的方法。缺点列举法的步骤是先决定主题,然后列举主题的缺点,再根据列出的缺点来考虑改善。缺点列举法更能凸显创新成果的价值,它把创造活动与人们的生活紧紧联系在一起。缺点列举法的步骤是:

①选择某一试图改进的创造发明对象。
②尽可能列举这一创造发明对象的缺点和不足。
③将众多缺点和不足进行分析整理。
④针对每一缺点进行分析,提出进一步的改进方案。

一般而言,缺点列举法的核心就是通过列举缺点,分析事物存在的问题,提出改进方案。这是正常的顺向思维。将逆向思维方法引入缺点列举,对缺点进行深入分析研究,根据辩证唯物主义事物具有两面性的原理,寻找缺点有用和可以产生启发的特性。通过思维发散,看看是否能将缺点转变为优点,创造出新事物,这就是缺点逆用的创造技法。

四、类比法

类比法又称比较类推法,是指由一类事物所具有的某种属性推测与其相似的事物是否具有这种属性的推理方法,也可以说是根据两个或两类对象之间,在某些方面的相同或相似,而推出它们在其他方面也可能相同的一种思维形式和逻辑方法。通过类比得出的结论必须由实验来检验,类比对象间具有的共同属性越多,则类比结论的可靠性越大。通常的类比是在两个事物之间进行比较,找出事物之间的相似之处,从中产生新的设想。类比技法的特点是异中求同、同中求异,在追求相似结论过程中激发人的想象力,提出创造性方案。类比法的实质是利用辩证唯物主义关于事物普遍性的原理,认为任何事物都是共性和个性辩证的统一,两者相同的一面形成事物的普遍性和共性,两者相异的一面形成事物的特殊性和个性。有意识地将某个事物与解决问题的对象进行类比,有助于克服思维定式,激发创新思维。类比技法实际上也是一种移植,把已知事物的某些特性移植于未知的研究对象中。

地质学家李四光在对我国地质结构的长期考察的基础上,发现东北松辽平原的地质构造与中亚的地质构造很相似。而已知中亚有大量的石油蕴藏,于是,他推断松辽平原也可能蕴藏大量石油,经过勘探,发现了大庆油田。

类比法也是辩证唯物主义普遍联系观点的应用。在创造新事物时,总是要设想新事物具有一定的属性或特征。那么,是否可以找到具有相同或相似属性的其他已有事物,将决定该属性的一些要素运用于正在探索的问题和创造的事物?这在类比中叫异质同化。异质同化就是指在创造发明新事物时,借助现有事物的知识进行分析研究,找出待创造事物和现有事物之间的相同点或相似点的过程。类比法中的比较必然是建立在不同的两个事物之间，所谓的异质就是指这两个不同的事物，其中一个是待创造的事物；另一个是现有的事物。同化就是指找出这两个不同事物的相同点或相似点。

经典类比法的思维过程分为两个阶段。第一阶段是把两个事物进行比较；第二阶段是在比较的基础上推理，即把其中某个对象有关的知识或结论推移到另一对象中去。

五、综摄法

（一）综摄法的概念

综摄法（Synectics）实际上也是类比技法中的一种，是以已知的事物为媒介，将表面看起来毫无关联、互不相同的知识要素综合起来，创造出新的设想，也就是提取各种科学知识，综合在一起创造出新的产品或方法。事实上，人类社会的许多发明创造都是由日常生活中的事物启发而产生的灵感。这些事物从自然界的高山流水、飞禽走兽，到各种社会现象，甚至神话、传说、幻想等，比比皆是，范围极广。

综摄法最初是由美国麻省理工学院的威廉·戈登（William Golden）教授提出，旨在开发人的潜在创造力。后来乔治·普林斯（George Prince）同戈登共同研究，使综摄法得到进一步完善，成为理论性和操作性很强的创造技法。

综摄法是一种高效利用知识的一种设计创新方法。当今人类的知识浩如烟海，驱使人们去开发各种高效率的利用知识的方法，综摄法就是一种旨在开发人的潜在创造力的创新技法。综摄法的基本思路是：在构思设想方案时，对将要研究的问题适当抽象，以开阔思路，扩展想象力。将问题适当抽象要根据激发创意的多少，逐步从低级抽象向高级抽象演变，直到获得满意的改进方案为止。这种做法，国外称为抽象的阶梯，其实质与功能定义中的适当抽象是一致的。

（二）综摄法的原则

综摄法的运用有助于发挥潜在的创造能力。为了摆脱旧框的束缚，开阔思路，综摄法认为在创造性思考时，要暂时抛开原来想要解决的问题，通过类比探索得到启发。因此，它是一个"变熟悉为陌生"和"变陌生为熟悉"的创造性思考过程。它有如下两个基本原则：

①异质同化：对不熟悉的事物要有意识地视作熟悉，用熟悉的已有的事物和知识进行对比研究。在发明没有成功前或问题没有解决前，一切都是陌生的。异质同化就是要求人们在碰到一个完全陌生的事物或问题时，要用所具有的全部经验和知识来分析、比较，并根据分析比较的结果寻求解决新问题的方法。

②同质异化：对待熟悉的事物要有意识地视作不熟悉，用不熟悉的态度来观察分析，并依照新的理论进行研究，从而启发新的创造设想。比如，将人们所熟悉的热水瓶用不熟悉的态度来重新分析、思考、研究，创造出气压热水瓶、电热水瓶等。

（三）综摄法的实施步骤

①确定综摄法小组的成员：综摄法在集体创造活动中，需要一个专业小组来实施，对专业小组的成员素质要求较高。小组成员一般由5~7人组成，其中一名担任主持人，一名是与讨论问题有关的专家，其余为各种学科领域的专业人员。

②提出问题：一般由主持人将所要解决的问题向小组成员宣读，这一问题往往是预先拟定的，而且小组成员并不知晓。

③分析问题：专家对该问题进行解释和陈述，目的是让小组成员了解有关问题的背景等信息，使非专业人员对该问题有一个大致的理解。

④净化问题：小组成员围绕这一问题进行类比设想，尽可能多地提出解决问题的方法，专家从较专业的领域，说出该想法的不足之处，选择两三个比较有利于问题解决的设想，达到净化问题之目的。

⑤理解问题——确定解决问题的目标：从所选择的设想中的某一部分开始分析，让小组成员从新的问题出发，展开类比联想，陈述观点。这样做可以使小组成员理解解决问题的关键环节，并提出解决问题的目标。

⑥类比灵活运用：确定解决问题的关键环节。主持人要有意识地抛开原来的问题，让小组成员发挥类比设想作用，把问题从熟悉的领域转到远离问题的领域。从各位成员的类比中，选出可以用于实现解决问题的类比，对选出的类比进行分析研究，从类比的例子中找出更详细的启示。

⑦适应目标：远离问题不是根本目的，是为了到陌生的领域去，寻找有利于问题解决的启示。把从类比中得到的启示，与在现实中能使用的设想结合起来，从而形成一种新颖独特的解决方法。

⑧方案的确定与改进：专家要对方案进行反复的论证，并对其中的缺陷进行改进，直到取得满意的结果。

六、组合法

组合法是重要的创造技法。从组合的角度看，创新就是将人们认为不能组合的东西组合在一起。即按一定的技术原理或功能目的，将两个或两个以上分立的技术要素通过巧妙的结合或重组，而获得具有统一整体新功能的新产品、新材料、新工艺、新技术的创造发明方法。

现代社会新技术新产品日新月异。我们的创新热情经常有"被浇了一盆冷水"的感觉。当我们冥思苦想得到一个新思路时，常常在检索之后发现已经存在。事实上，在高度发达的当今社会，应该更多地追求"微创新"或"改进式创新"。

组合法创新就是一种有效的"改进式创新"技法。它是按一定的原理或功能，将两个或两个以上分立的技术要素通过巧妙的结合或重组，从而获得具有统一整体新功能的新产品、新材料、新工艺等新技术的发明创造方法。

日常生活中，人们遇到的绝大多数用品都是由若干构件组合而成的。从这些物品中，我们可以得到启发，构件是否还有新的组合？不同物品的组合要素是否能组合成新的产品？

组合创新有以下四种类型：

（一）同类组合

同类组合是指两个或两个以上的相同或近于相同的事物简单的叠合。在同类组合中，参与组合的对象与组合前相比，其基本性能和基本结构一般没有什么根本性的变化。因而，同类组合是在保持事物原有的功能或者原有意义的前提下，通过数量的增加以弥补功能上的不足或求取新的功能。同类组合是在保持事物原有的功能或者原有意义的前提下，通过数量的增加以弥补功能上的不足或求取新的功能。

（二）异类组合

异类组合来自不同领域的两种或两种以上不同种类的事物进行的叠合。在异类组合中，被组合的因子来自不同的方面，各个因子彼此间一般没有明显的主次之分，参与组合的因子可以从意义、原则、构造、成分、功能等任何一方面或多方面相互渗透，从而使组合后的整体发生变化。异类组合实际上是一种异类求同，在创新中具有非常重要的意义。

（三）主体附加组合

主体附加组合是指在原有的事物中补充新的内容，在原有的物质产品上增添新的功能附件。在主体附加创新中，主体事物的性能基本上保持不变，附加物只是对主体起到补充、完善或者充分利用主体功能的作用。主体附加组合强调搭载和功能附加。书架、多功能鞋柜、超声波加湿器、四轴飞行器是主体附加组合的实例。

（四）辐射组合

有意地抓住一种成熟的技术，并以它为思维品，不失为一种渗透式组合创新方法。比如，围绕红外技术，人们在纺织、医疗保健、安保等领域发明了许多新产品。

七、设问法

从语言功能上讲，设问是一种修辞格式，明知故问，用以引导注意力和加深思考。由于设问在深化创新思维上的特殊作用，在实践中逐步发展一类创造技法，就是通过多角度提出问题，从问题中寻找思路，进而做出选择并深入开发创造性设想的创造技法。

第三节　创新思维的障碍

现实中，多数人的工作生活平凡、平常、平淡。很多人的一生仅仅是在"过日子"。传统中的"平平安安""天伦之乐"左右着人们的思维方式。

不是不需要创新，而是人的思维往往停滞在得过且过、随遇而安的状态。事实上，只要抱有追求"改变"的生活态度，多动脑筋，每个人的生活质量都能得到提升，工作岗位上自我价值也得以更好地实现。事实上，思维惰性阻碍了人们对新生活、自我价值的证明和追求。

观念的陈旧是追求新事物的主要阻力。观念是人们长久以来在一定环境中对某一事物形成的固有认识。创新需要转变旧有思想观念，利用敏锐的目光捕捉问题焦点，形成对事物的新认识。固有观念是人进行创新活动的一大阻力。"习惯成自然"是人固守旧观念的形象表达。

我们都学过"郑人买履""削足适履"的典故。其描述的内容形象地表达了传统观念下循规蹈矩、不知变通的社会现象。

也有很多人有创新热情，进行了一些创新努力，最终却半途而废。究其原因，经验主义的经验至上是创新思维受阻的根源。尽管经验对认识事物、促进事物发展有所贡献，也鼓励学生多参加实践积累经验。然而，孤立片面地遵从经验，往往会将创新的幼芽扼杀在摇篮之中。一意孤行带来的结果更多的是失败的教训。事实上，唯经验是从的思想正是思维定式所造成。

传统思想和陈旧观念是创新思维的主要障碍。创新必须打破枷锁，突破障碍，解放思想，勇于进取。创新思维的障碍主要表现在思维定式、迷信权威和从众心理三方面。

一、思维定式

思维定式是由先前的活动而造成的一种对活动的特殊的心理准备状态，或活动的倾向性。在环境不变的条件下，定式使人能够应用已掌握的方法迅速解决问题。而在情境发生变化时，它则会妨碍人采用新的方法。消极的思维定式会严重束缚创新思维的发展。

思维定式是按照积累的认识活动经验和已有的认识规律,在反复使用中所形成的稳定的、定型化的思维路线、方式、程序、模式。可以肯定地说,每个人的思维都或多或少受思维定式的影响。

思维定式从何而来?来自千篇一律、周而复始的生活和工作。世间绝大多数职业,具有高度重复的特征,所谓思想的烙印,往往形成于各种职业习惯,实际也就是思维定式。

从积极的意义讲,思维定式对解决实际问题是有帮助的。借鉴以往的经验或是教训,在创新思维中增强对事物发展的预见性,能够避免歧途,少走弯路。

人们经常说某人"认死理儿""固执己见",实际上表明了思维定式模式化、顽固性的特点。这也就注定了思维定式的消极作用十分突出,它不利于创新性思考,不利于创造力的发挥,成为束缚创新思维的枷锁。思维定式容易使人产生思想上的防卫性,形成呆板、机械、千篇一律的思维形式。熟视无睹、麻木不仁是思维定式造成的典型危害。

思维定式的典型表现之一是"先入为主"。先入为主的人,只愿意相信自己认为正确的事物,在论证自己的观点时,也往往都是断章取义的。他只会陶醉于那些断章取义的资料,不会用正确逻辑、创新思维来思考问题。现实中,一些所谓被"洗脑"的人,实际就是在利益诱惑的"先入为主"作用下一步一步"病入膏肓",如传销人员。考虑到思维定式,在参加工作面试时,一定要想方设法给人留下好的第一印象。"刻舟求剑"是思维定式的典型表现。

传统观念是思维定式的典型表现。观念是固化于人脑意识中的观点和认识。观念作为思维方式的主要构成因素,对人的认识活动起着巨大的推动或制约作用。观念是在一定生产力水平和历史文化背景基础上产生的,在一定时期内有其合理性。随着社会的发展和进步,根植于人们头脑中的观念不能紧随时代的变化而改变。当思维定式起作用时,原本适时的观念就变成了过时的观念。传统观念顽固地维护它赖以生存的基础,形成了思维的保守和僵化,反对思维对现在事物进行超越,是创新思维的重要障碍。

利益在市场环境中也成为思维定式的重要形成原因。利益带来的思维定式,往往"使人掉进钱眼出不来了"。贪官的贪得无厌,商人的见利忘义,无不出于利益思维定式。

互联网改变了人们的生活,也让人形成了新的思维定式。万事求网似乎很正常,但离了网不知所措就不正常了。网络诈骗、离谱广告正是钻了人们这种思维的空子。怎样对网上的东西趋利避害,也需要创新思维。

商品宣传疯狂造势,广告推销死缠烂打,都是希望在人们脑中形成好的思维定式从而获利,于是就形成了鱼龙混杂的社会乱象,有时甚至突破了人的道德底线。

克服思维定式靠什么?根本靠"实",立足自我、增加知识、磨炼意志、遵从法规。多用转向思维,注重独立思考,适当隐藏观点,寻求思维突破。

二、惯性思维

惯性思维是指人的大脑习惯于沿以往经验形成的轨迹下意识地、不由自主地前行，看不到新情况下解决新问题需要的灵活和变通，循规蹈矩是惯性思维的形象描述。惯性思维和思维定式含义接近。因为人们经常说惯性思维，这里稍加阐述。人们习惯性地因循以往的思路思考问题，仿佛物体的惯性，不由自主、不假思索、下意识地考虑处理问题，这就是惯性思维，它封闭了其他思考问题的方向和路径。习惯成自然、个性养成、不求快但求稳、习以为常，这些都是惯性思维的表现。每个人都有惯性思维。社会上的"世家"往往是受祖辈潜移默化、近水楼台的影响形成的。由于惯性思维不需要更多地动脑子，于是懒惰的人更习惯于这种思维。司空见惯，熟视无睹，依赖心理重的人更倾向于惯性思维。

无时无刻不在摆弄手机，是当代人的习惯。一方面反映了网络时代新的生活方式和社会现象，给人们带来了信息交互的便捷；另一方面新的呆板、机械严重阻碍了创新，甚至由于习惯带来的突发危险引起了社会的忧思。习惯有时意谓保守，习惯势力往往扼杀改革创新。

习惯的养成犹如纺纱织布编绳，一开始只是纺出细细的纱线，随着不断重复的编织过程，绳越来越粗，布越来越大，人们的思想和行为也就束缚得越来越紧。习惯的正面意义在于，规范了人的行为；负面意义在于，抑制了人的思维。

三、迷信权威

权威就是在社会生活中形成的受到他人景仰和服从的权力威望。当不同的人们思想行为不统一时，就要求服从权威。权威是任何时代任何社会都实际存在的现象，但如果把对权威的尊崇演变为神话和迷信后，就成为创新思维的枷锁。在现实社会中，泛化的权威、过时的权威以及政治、经济或行政干预的权威不在少数，创新就是对权威的某种否定。权威的东西是在一定历史条件下的产物，它不会永远正确。解放思想，就是要解放对权威迷信的思想。

社会阶层、等级制度造就了"权威"。迷信权威的后果是扼杀了创新思想和创造能力。大家都习惯模仿和抄袭成功者的经验，因为这是最低成本、最快成功的捷径。从某种程度上说，山寨化的流行和各种模仿、抄袭的盛行，阻碍了创新的发展，因为模仿和抄袭永远处于落后的地位。

四、从众心理

从众心理是指个人受到外界人群行为的影响,而在自己的知觉、判断、认识上表现出符合于公众舆论或多数人的行为方式。实验表明只有很少的人保持了独立性,没有从众,所以从众心理是大部分个体普遍所有的心理现象。从众心理倾向严重时,认识事物、判断是非显得没有主见、随声附和、人云亦云。这种情况下,往往缺乏独立思考,不可能产生真正的创新思想和创新活动。从众心理来源于人的社会性要求。社会为维持群体的稳定性,要求群体中的个体在情感、思想和行动等方面保持某种程度的一致性,这样有利于团结协作,有利于群体的安居和社会的稳定。对于创新而言,从众心理是严重的障碍。创新就是要突破习惯势力的束缚,能够做到不从众。创新者除了能做到不为常规所左右,敢想敢干敢冒风险,还应具备承受孤独甚至打击的心理素质。人云亦云,从众心理是社会上较为普遍的行为现象,它的存在,以降低社会交往和解决问题中的风险为受益,所谓"枪打出头鸟"。于是,敢为人先、挺身而出、勇于探索等社会倡导精神受到了抑制。

第三章 高校教育管理概述

第一节 高校教育管理的内涵与价值

高校教育管理在高等学校中有其特殊的位置与内涵，价值重大。

一、高校教育管理的内涵

研究高校教育管理，首先就要明确其内涵。而要全面、深入地把握高校教育管理的内涵，就要弄清高校教育管理的含义，了解高校教育管理的特点，明确高校教育管理的目标。

（一）高校教育管理的含义

管理涉及生活中的各方面，人们一般对管理有不同需求和不同角度的解读，若简单从字面意义上来说，管理有管辖和处理的意思，若具体展开而言，管理的定义会多种多样。如教育学界，就对教育管理下了多种定义，这些定义在某种程度上也反映了管理活动的特性，其中最普遍的一个角度，是从教育管理职能和过程的角度来看的，教育管理有计划、组织、指挥、协调和控制这几部分职能，其中根据重点的不同，对管理有着不同的理解：①从教育管理的协调作用来看，在组织中对人和物资的协调是为了完成组织目标，这一概念活动即教育管理；②从人际关系和人的行为来看，教育管理就是为了调动成员的积极性、协调成员人际关系，进而达到组织目标的一种组织活动；③从教育管理中决策的重要地位来看，决策即教育管理；④从系统论的角度来看，教育管理是一种固有的客观规律，人们可以通过影响系统达到系统更新的效果，这样一个活动的过程就是教育管理。

综上所述，我们可以对教育管理下一个相对准确的定义，即教育管理是一种社会活动过程，是在一定的社会组织中，人们为了达到预定的组织目标利用人力、物力、财力、时间等资源，对组织进行计划、控制和决策的社会活动过程。

高等学校管理和人才培养的重点之一就是高校教育。高校教育由于其特定的地位，在管理中不仅具有一般管理的本质，还有其特殊的本质。以下几点就反映了上述说法。

第一，高校教育管理是在高等学校这一特定的社会组织中进行的。社会组织是管理活动的必要组成部分。对高校管理而言，高等学校就是高校管理的必要组成条件，是专门为社会培养与输入人才的重要社会组织，高校管理的首要任务就是进行大学生的系统性教育与培养，在此基础上可以说，高校管理是实现人才培养组织目标的一种特定管理活动。

第二，高校教育管理的目的是实现高等学校的人才培养目标，促进大学生的全面发展。与任何管理都是在社会组织中进行的一样，任何管理都需要有预定的组织目标，目标与管理是相辅相成的。高等学校为社会进行的人才培养是高校教育管理中的一项重要内容，高校教育管理要以实现高等学校的人才培养目标、促进大学生发展为首要且基本的任务，这样才能为社会输送德智体美全面发展的、创新和实践精神较强的社会建设人才。

第三，高校教育管理的实质是要有效地利用学校的各种资源，为大学生的成长成才提供指导和服务。大学生能够顺利完成学业，并且在高校学习过程中能够得到高等学校提供的各方面指导与服务，是高校教育管理最主要的目标与任务，如提供资助服务给家庭经济困难的学生、给毕业生提供必要的就业指导服务、对大学生在校期间的行为进行正确的引导等。因此，在此期间更需要高等学校有效地利用学校的人力、财力、物力等各种资源，进行科学的策划与组织，以期提供给大学生更多的成长空间与服务指导。

（二）高校教育管理的特点

高校教育管理在管理中具有特定的地位，其对大学生人才培养的引导与服务有着鲜明的特点。

1. 突出的教育功能

高等学校的人才培养工作离不开高校教育管理，高校教育管理除了管理的属性外，还有鲜明的教育属性。

（1）高校教育管理的目标服从和服务于大学生教育的目标

高校的教育管理是为了实现预定的教育目标。大学生踏入大学校门的目的就是接受教育，高校如何通过高校教育管理来实现大学育人目标，是高校管理者必须思考的问题，高校教育管理必须要以大学生圆满完成预定学习目标为服务基础，制定出可以促进大学生德智体美全面发展的管理措施，完成不断地为社会输送人才的目标。高校教育管理与大学生教育目标的关系是，高校教育管理是手段，大学生教育目标是手段实施的依据。具体而言，有以下两个方面。

第一，大学生教育目标的实现离不开高校管理目标的实现。有效且高效的教育管理，才能为大学生学习提供各种便利和服务，才能积极调动大学生的主观能动性，保证教学活动正常进行和学生的全面成长。

第二，高校教育管理的目标要以大学生教育的目标为实施依据。因为大学生教育目标的实施和贯彻，也就是高校管理目标在高校管理活动中的反映和体现，高校教育管理目标包括大学生教育目标，是高校教育管理目标之一。高校教育管理目标和大学生教育目标的统一，保证了高校教育管理的正确方向。

（2）教育方法在高校管理方法体系中具有突出的作用

高校教育管理活动应该以现代管理活动中最常见的教育方法为基础手段，以提高高校教育管理的实施成效。而高校教育管理是在组织活动中实现的，组织活动离不开人的参与，而人是有思想的动物，其思想意识支配且影响着人的种种活动，所以一切管理互动都是以人为基础运行的，只有做好人的思想工作，以思想领先为原则影响他人，才可以引导和制约人们的各种活动。放到高校教育管理活动中来，就是通过对学生进行不断的思想道德教育来促使高校教育管理中的法律方法、行政方法和经济方法卓有成效地实施。

（3）高校教育管理过程同时也是教育大学生的过程

高校教育管理是对大学生进行指导和管理，蕴含着丰富的教育因素，高校教育管理的过程会直接影响大学生德智体美的发展，因此作为向社会培养和输出人才的高等学校，其管理工作的实施，一定要对学生产生积极的影响。要以以人为本、民主法治、公正和谐的理念为基础，倡导从实际出发、遵循教育规律和管理规律、实事求是的科学精神，运用民主管理、依法管理、科学管理的手段，潜移默化地影响和教育学生。只有这样，高校教育管理制定的各项规章制度才能对大学生起到思想引导和规范行为的作用。值得注意的是，高校教育管理者在管理的过程中的情感、态度和言行对大学生也有着不可估量的影响，因此高校教育管理者在管理过程中也应注意自己的一言一行，努力成为正面积极的表率与模范。

2. 鲜明的价值导向

高等学校是为社会培养和输送人才的基地，所以高校教育管理至关重要。社会经济基础、政治制度和意识形态对高校教育管理的目的、管理体制和管理形式是具有制约作用的，因此要注意高校教育管理对大学生价值观形成、变化和发展的巨大影响。在我国人民民主专政的社会主义国家的国情下，作为向全社会输送人才的高等学校，高校教育管理对人才的价值导向影响巨大，如何为社会主义建设事业培养坚持社会主义价值导向的专业人才，是我国高校教育管理的一项重要课题。以下三方面就是对上述内容的展开阐述。

（1）高校教育管理的价值导向集中体现在管理目标中

人类实践活动的基本特征是目的性。人的实践活动总是体现一定的价值观念，在实践对象的属性和一定需求及其变化趋势的基础之上做出认知判断，是人实践活动目的的基本内容和活动特性，高校教育管理的目的和人实践活动的目的相同。实际上，大学生价值观的形成和发展离不开高校教育管理的引导和促进，高校教育管理的每个举措都影响着大学生的一言一行。从整个高校教育管理系统中来看，价值观的确定和设计，是高校教育管理目的实行与运作的根基，所以我国高校教育管理的实行，要遵从我国社会主义核心价值体系的要求，积极地贯彻社会主义核心价值观，实现中国特色社会主义的共同理想对人才培养的要求。以高校教育管理的重要目标为例，即建设并维护学生良好的教育教学和生活秩序。其中"有序"的价值观就在这一目标的执行下，得到了良好的实行与发展，很好地推动了大学生"有序"价值观的形成。同时，对大学生人才的培养是大学生教育以及高校教育管理的首要问题，如何培养、培养目的、培养效果等内容都蕴含着一定的价值观念和价值追求，包含这些内容的高校教育管理就是大学生教育的重点环节。

（2）高校教育管理的价值导向突出体现在管理理念中

作为高校教育管理指导思想的高校教育管理理念，对高校教育管理的原则和方法有着直接的制约作用，是对社会先进价值观的具体贯彻，对社会价值体系的鲜明体现。例如，中国共产党坚持的"以人为本"的价值观，体现到高校教育管理中就是全面贯彻"关心人、尊重人、依靠人、发展人、为了人"的"以人为本"的理念，潜移默化地积极地作用于大学生价值观的形成和发展。

（3）高校教育管理的价值导向具体体现在管理制度中

高校教育管理若想要实现规范化、制度化和法制化，其基本保证和主要标志就是制定科学又严谨的规章制度，这是高校教育管理能够顺利实施的基本手段。管理规章制度的制定离不开价值观念的指导和影响，其具有鲜明的价值导向，对大学生的价值观产生有巨大影响。具体而言，可以对大学生的行为进行一系列的要求，制度中可写明具体的行为规范。例如，对大学生什么样的行为进行勉励和倡导，对大学生什么样的行为必须强烈反对和禁止；对大学生什么样的表现做出奖励和表扬，对大学生什么样的表现做出谴责和惩罚等。

3. 复杂的系统工程

高校教育管理是一项十分系统的工程，高校教育管理与任何管理活动的相同点体现在其整体性、层次性、动态性和开放性上，而异同点在于高校教育管理活动具有其复杂性。

（1）高校教育管理的任务是复杂的

高校学生的专业学习和日常生活属于高校教育管理的内容，高校教育管理对大学生各方面各环节的培养和管理是任重而道远的，有其特有的复杂性。高校教育管理在实施的过程中，不仅要注意高校学生中心任务的顺利实行，即对学生学习行为和实践活动的管理和引导，还要注意从高校学生健康成长的角度出发，对诸如学生间交际行为、消费行为、网络行为等高校学生的日常行为进行管理和引导，通过以上工作对学生的异常行为进行早发现、早校正和早处理，以保证高校学生的健康成长。

具体而言，一般可分为以下四个方面

第一，对大学生现实群体与虚拟群体的管理与引导。随着现代科技的不断发展，社交应用媒体的更新频繁，高校学生个性的不同会导致其活跃在不同的网络社群，所以从实际出发，不仅要对高校学生现实群体如学生班级、学生党团组织及学生社区和生活园区进行管理和指导，还要对高校学生依据网络平台形成的虚拟群体报以持续的关注与管理。

第二，对高校学生校内外的安全都要进行关注与管理。高校学生的学习生活不止会在校内进行，校外也是其活动的重要组成区域，因此在高校教育管理工作中，不仅要对学生校园内的生活进行合理的引导和管理，还要对校园外的生活进行持续的关注和督促。

第三，开展高校教育管理工作的过程中，要全面地考虑学生的具体情况。不仅要关注可以调动全体学生学习积极性的奖学金评定工作，还要关注家庭困难学生的资助工作，双管齐下，才能保证高校学生学业的顺利完成以及学生心理的健康发展。

第四，针对新生与毕业生的不同情况，高校要运用学校的资源提供不同的指导和服务。针对新生，高校教育管理要及时帮助新生明确未来要实现的具体目标，制订合理且科学的职业生涯规划，推动学生对高校生活的合理安排，为其未来发展打下良好的根基。针对毕业生，要及时地为其提供就业与创业方面的信息，进行积极的服务与指导，促使学生能够快速地从学生身份向社会工作者的身份转变，最大化地实现自身价值。

（2）高校学生是具有明显差异和鲜明个性的

随着现代社会科技的进步，网络时代背景下，高校学生是处于一个信息爆炸的现状中的，信息的海量和易得以及自我意识的觉醒和增强，使持续受信息浸染的学生拥有了不同的精神世界和思想感情，每个人都有其特性。具体到班级单位，学生的年级和专业都是相同的，但班级内的每个学生都有着鲜明的个人特质，如气质、性格、兴趣和习惯等。一方面，高校学生来自全国各地，不同的生活经历和生活条件会使他们的思想行为方面有比较明显的差异；另一方面，大学生崇尚个性的特质会使他们对自身个性的发展和完善有着较强的追求，这也导致了大学生个体之间的明显差异。学生是高校教育管理的对象，高校学生个体间是有显著差异的，高校教育管理对学生这种个人特质的遵循是有效地开展高校教育管理工作的前提，在这个前提下，高校教育管理对学生实行的因人制宜与因势利导的针对性工作，就具有了其特定的复杂性。

（3）影响高校学生成长的因素是复杂的

高校教育管理的目的是为社会培养和输送高校人才，而高校人才如何能够健康成长，是高校教育管理的重中之重。在现实生活中，影响高校学生学习生活的因素多种多样，不止有学校内部的教育生活因素，外部环境因素的影响也不可忽略。由于外部环境的构成因素非常复杂，因此高校教育管理的应对也呈现出相应的复杂化。

环境因素往往会通过学生的学习、生活活动、人际交往等方面，对学生的成长产生不可忽视的影响和作用。其中涉及了多种多样的环境因素：历史和现实的因素；自然和社会的因素；物质和精神的因素；政治、经济与文化的因素；国际和国内的因素；家庭和学校周边社区的因素。尤其是现代科技与信息飞速发展的大背景下，全球一体化趋势越来越明显，世界各国联系紧密，学生对世界各地信息的获取变得越来越容易，这些信息对学生思想和精神的影响也越发深远。在以上各种环境因素的综合下，学生受到的影响是复杂而广泛的。

以外部环境为例。

一方面，外部环境影响的性质是具有多重性的，分为积极影响和消极影响，二者互相交织、相辅相成。高校学生个体间的差异会导致同样的环境因素在不同个体上有不同性质的影响。以富裕的家庭经济条件为例，富裕的家庭经济条件可以是大学生顺利完成学业的有利条件，也可以是大学生铺张浪费、不思进取、荒废学业等行为的催化剂。

另一方面，外部环境影响的方式是具有多样性的，可以分为直接影响和间接影响；显性影响和隐性影响；可以作用于大学生的思想情感，也可以作用于大学生的行为。因此，在学生的学习和生活中，高校教育管理不仅要对学生进行科学且合理的指导，还要针对外部环境对大学生的影响方面进行有效的调节和控制，从而运用积极影响抵消消极影响，促进大学生全面健康的发展。综上，影响学生成长因素的复杂性不言而喻。

二、高校教育管理的价值

高等学校是为社会输出高等人才的基地，因此如何促进学生健康发展是高校教育管理的重点，而高校教育管理工作的良好开展，对推动社会的进步、促进高等学校的可持续发展和提高大学生个体的成才都具有重大意义。

（一）高校教育管理价值概述

价值属于经济学范畴用词，商品生产的出现导致了价值概念的产生，凝结在商品中无差别的人类劳动就是经济学中价值的概念。随着社会的发展与科技的进步，价值的范畴进一步扩展，在社会政治、法律、道德、科技、教育和管理等各个领域中都得到了广泛而充分的应用与发展，逐渐成为人们评价一切事物的一般标准。由此可见，价值又在哲学意义上做了引申。客体对于主体的作用和意义是价值在哲学意义上的定义，是对客体的属性和功能与主体的需要之间的特殊关系的体现，即客体属性和功能对主体需要的满足关系。

在这里，价值又在一个关系范畴之中，主客体的存在是其存在的必要条件，具体可从两方面来说：①主体的需要对价值的衡量具有重大意义，是衡量价值的标尺，判断事物或对象是否具有价值，也需要看该事物或对象是否可以满足主体的需要，由此可见，价值离不开主体；②客体的属性和功能是价值的载体，价值的实质，也就是客体的属性和功能对主体需要的满足，由此可见，价值同样离不开客体。

作为为社会输出人才的高等学校，高校教育管理的意义重大，它本身的属性和功能既满足了大学生成才的需求，又满足了社会进步的需求，同时反映到高等学校自身发展上，也满足了高等学校自身发展的需求。由此可见，高校教育管理亦具有较高的价值。关系范畴的价值主客体缺一不可，具体到高校教育管理的价值，其主体就是社会、高等学校和大学生，客体就是高校教育管理本身。这里笔者分别做具体阐述。

第一，作为客体的高校教育管理本身。高校是为社会输送各种各样人才的基地，高校教育管理对人才的形成、培养和成长都具有极大的推动作用，而对高等学校来说，高校教育管理的好坏，也直接影响着高等学校的发展，高校教育管理做得优秀，为社会输送的优秀人才增多，高等学校的知名度的加大，对高等学校的未来发展可以说是一个正向的反哺，所以高校教育管理的价值是建立在高校教育管理本身的属性和功能上的。

第二，作为主体的社会、高等学校和大学生。高校教育管理的最终目的是为社会输送合格的人才，高等学校是高校教育管理的实施者，大学生是高校教育管理的管理对象，社会是检验高校教育管理成果的验金石。综上，高校教育管理的价值就体现在其属性和功能对社会、高校和大学生需要的满足上。另外高校教育管理价值还有几个明显的特点。

1. 直接性与间接性

作为高校教育管理价值的主体，即社会、高等学校和大学生，这些不同的主体受高校教育管理的作用方式不同，有直接作用和间接作用之分，即高校教育管理价值有直接性和间接性两个特点：①高校教育管理价值的直接性，是指没有中介环节，高校教育管理能够直接满足价值主体的需要。通常而言，高校教育管理能够直接地产生作用与影响的价值主体是高校大学生，即高等教育管理的实施是直接作用于学生个体的。②高校教育管理价值的间接性，是指需要通过中介环节，高校教育管理才能满足价值主体的需要。通常而言，高校教育管理只有通过对大学生的影响，才能间接影响社会的发展。

2. 即时性与积累性

高校教育管理价值的实现是需要一个过程的，满足价值主体需要的过程时间长短不一，所以高校教育管理价值可以说同时具有即时性和积累性两个特征。短时间内，价值主体能够从高校教育管理处得到很好的满足，即高校教育管理价值具有即时性。例如，针对家庭经济困难的学生，及时办理相应的助学贷款，从而让他们安心地在大学进行学习与生活。若想达到高校教育管理价值的工作目标，需要对高校教育管理工作进行不断的积累，工作积累是一个长期的过程，即高校教育管理价值具有积累性。例如，为学生提供一个教学有序的环境，从而推动大学生的良好发展。

3. 受制性与扩展性

因为高校教育管理是直接面向大学生实施的，大学生在学习和工作中会受到多种多样因素的影响，因而高校教育管理价值也会受到多重因素的影响，高校教育管理价值的受制性就表现在此。可以大致分为正反两方面的影响：①当影响大学生的因素与高校教育管理作用的方向一致时，高校教育管理更容易发挥成效，高校教育管理的价值更易实现。②当影响大学生的因素与高校教育管理作用的方向相反时，高校教育管理的成效就会受到负面的影响，其价值就会难以实现。

以上讲的是各种因素对大学生的影响与作用，高校教育管理价值的扩展性所讲的内容正好与之相反，是指高校教育管理可以通过直接影响大学生的一言一行，从而间接影响外部环境与因素，从而扩展了高校教育管理自身的价值。例如，高校教育管理对科技创新的倡导，会直接影响与激励学生参与科技创新的活动中去，从而间接影响学校有关科技创新方面的发展，再进一步提高学生科技创新的能力和水平。

4. 系统性与开放性

高校教育管理价值是由多种角度和多种类别构成的有机整体，具有较强的系统性。在这里可以将高校教育管理价值按照各种不同的角度来进行分类，多方面解读高校教育管理价值的系统性，以下用几种分类举例：

第一，按主体分类，可以分为社会价值、高校集体价值和个体价值。社会价值体现在高校教育管理对社会运行与发展的作用；高校集体价值体现在高校教育管理对高校自身持续性发展的作用；个体价值体现在高校教育管理对大学生个体的培养和长远发展的作用。

第二，按形式分类，可以分为理想价值和现实价值。理想价值是高校教育管理不受任何因素影响，以最理想的状态实施运作，最终实现最终价值的状态，而现实中往往有各种各样的影响与阻碍，现实价值是在现实条件下正在实现或者已经实现的价值状态。

第三，按性质分类，可以分为正向价值和负向价值。

第四，按价值高低分类，可以分为高价值和低价值。高校教育管理价值是具有开放性的。随着价值主体和高校教育管理功能的变化与发展，高校教育管理的价值也会得到发展。社会发展日新月异，作为高校教育管理服务对象的大学生也在不断发生新的变化，服务对象的改变必然会导致高校教育管理的相应改变，以期适应于管理对象，扩展管理的价值。例如，信息时代的到来，计算机网络对学生的影响越来越深，面对这种新情况，高校教育管理要及时关注并规范大学生网络的使用，从而跟进高校教育管理在网络中的价值扩展。

（二）高校教育管理的社会价值

高校教育管理通过培养与输送合格的高等人才作用于社会，虽然形式是间接的，但其社会价值对社会的影响仍然是广泛而深远的。中国特色社会主义建设对合格人才有着较高的要求，高校教育管理本身是实现其社会价值的重要手段。

1.培养合格人才的重要手段

随着社会的发展，对人才的需求尤其是对高素质人才的需求越来越多，作为需要不断向社会输出人才的高等学校责任重大，高校教育管理的中心任务具体体现为：为社会培养出一批又一批的专业人才，从而促进社会的进步与发展。高校教育管理在高校培养人才的过程中扮演了重要的角色，是高校培养人才的重要手段，意义重大。

（1）维护正常的教育教学秩序

高校规章制度的实行可以帮助高校教学活动良好有序地展开，高校教育管理对高校教育教学秩序的维护是高校有效开展教学的保障。具体实行中，高校教育管理可大致分为几个方面。

第一，高校教育管理要按照一定的制度对学生的学籍进行严格的管理。对学生的入学与注册、课程和各种教育环节的考核与成绩记载、转专业与转学、休学与复学、退学、毕业与结业等各项工作做到明了和有序，帮助高等学校建立正常的教学秩序，从而使其能够顺利地开展各项教育工作。

第二，具体到学生群体，高校教育管理要对学生群体进行系统又全面的学习管理，从而对学生形成一种正向的督促与激励，如规范学生行为、督促学生遵守纪律等，对良好学风的养成和教育教学秩序的正常建立十分有利。

第三，高校教育管理对学生团体的管理和引导，对建立正常的教育教学秩序具有很强的促进性。综上，高校正常的教育教学秩序的建立是离不开高校教育管理的。

（2）激励、指导和保障学生的学习行为

教学虽然是组合在一起的词语，但"教"与"学"是两种不同的概念。从"教"与"学"中可以明显看出这是两种动作，代表着教师和学生的双向互动，因此，教学的过程中"教"与"学"也是辩证统一的。在"教"与"学"的过程中，前者是主导，后者是关键。对于大学生来说，学习是其主要任务，能否完成学习任务关系着大学生能否成为一个合格的人才，在这种情况下，高校教育管理就扮演着激励、指导和保障其顺利完成学业的重要角色。以下对这三个方面进行具体阐述。

第一，激励作用。高校教育管理可以引导学生对学习的意义产生正确的认知，让学生明白学习是实现其自身价值的重要途径，学习目的的明确也可以调动学生学习的主观能动性；奖学金和荣誉称号的设置，对优秀学生的表彰等行为，也可以激励学生全身心地投入学习中；在大学学习中引入竞争机制，组织各种具有竞争性的学习赛事，同样可以调动学生学习的积极性。

第二，指导作用。新生入学以后，高校教育管理可以引导学生熟悉大学教育环境与内容，使他们能够尽快把握大学阶段的学习特点和要求，尽快从被动性学习转向主动性学习；在大学学习的过程中，高校教育管理要引导学生及时发掘自身特点，根据社会实际的需要制订适合自身的职业规划，后期督促学生根据自身的职业方向明确学习目标，进而进行有计划有目标的学习；学生明确学习目标和规划后，良好学习方法的把握也是十分重要的，高校教育管理应给予学生一定指导，促使学生良好学习习惯的养成，进而快速提升自身的学习；在高校进行学习时，大学生社会实践活动的开展也是促进大学生学习的必不可少的一项内容，大学生不仅要掌握专业的理论知识，对专业理论知识的实践也是学习过程中的重要一环，在实践中对专业理论知识的理解和应用有助于大学生自身专业技能的加强与提升。

第三，保障作用。高校学生来自全国各地，每个学生的家庭经济状况都不相同，高校教育管理应切合实际，加强资助管理，对家庭经济困难的学生切实地做好助学贷款和助学金的发放，并对学生的勤工助学活动做必要的指导，从而帮助学生顺利完成学业。大学生的心理健康也是高校教育管理需要关注的一个方面，对学生进行及时的心理辅导，帮助学生缓解并逐渐克服学业焦虑，可以有效地帮助高校学生建立正常的学习与生活秩序。

（3）培养学生的思想品德

社会的发展，不仅对人才专业技能的要求越来越严格，对人才的思想品德和能力素养方面也同样开始着重关注起来，所以一个符合社会需求的人才必然要德才兼备。在大学生接受高等学校的教育过程中，不仅要对其进行深入细致的思想政治教育，还要以高校教育管理为辅助，督促大学生以良好思想品德为思想基础的行为习惯的养成，持续地规范大学生行为，促使大学生由他律转向自律。

现实情况中，大学生各个方面的发展都还未成熟与稳定，且每个学生的个性全不相同，再加上思想基础上的不同，大学生接受思想教育的意愿就显示出了一定的差异，因此，大学生在自律方面尚有欠缺且存在不同程度的差异。若要提高高校学生的自理、自律水平，加强高校学生遵循社会规范的自觉性，促进高校学生良好行为习惯的养成，就需要以思想政治教育为主，以高校教育管理为辅，双管齐下，最大限度地推动学生自理、自律能力的提升。

高校可以利用高校教育管理功能，切合实际情况制定科学有效的规章制度，各项规章制度的严格执行，不仅对学生的行为管理和纪律约束产生强化作用，还可以使大学生的学习和生活都处于一种良好有序的状态，最大限度地提升大学生思想政治教育的成效。

2. 构建和谐社会的内在要求

中国特色社会主义的本质属性是社会和谐，构建社会主义和谐社会是发展中国特色社会主义的基本要求和重要保证。对学生具有引导作用的高校教育管理的有效实施，对构建社会主义和谐社会具有重要的价值和作用。

（1）高校教育管理是维护社会稳定、实现社会安定有序的重要保证。高校是高等人才的培养基地，是不断地为社会做着人才输出工作的，从高校输入社会的人才直接影响着社会是否能够稳定有序地发展。因此，社会稳定的重要方面就是高校的稳定，而高校能否稳定，高校学生是关键。

高校学生的思想尚未成熟，呈现出明显的矛盾性。例如，高校学生普遍关注国家发展情况，对时事政治也有一定的了解，崇尚自由与民主，对政治方面也有较强的参与意识，但相对而言，他们政治经验与社会生活经验匮乏，不具有良好的政治辨别力，因此对社会上的不良思潮的抵抗力较弱。另外，高校学生年纪较轻，生活阅历较少，情感共鸣能力较强，这种特性使高校学生形成了热情勇敢的个性，但相对而言，更易冲动，丢失理性。大学生群集于高校校园内，若高校教育管理不能进行有效的干预与引导，一些不良的信息和倾向很快会在学生群体中扩散，不利于大学生自身发展的同时还会对社会造成不可预估的不良影响。综上，高校教育管理若能够正确地引导高校学生的思想、学习和生活，及时处理学生间突发事件，妥善解决学生在高校生活中的各种问题，就能有效地促进高校的稳定，高校的稳定继而会对社会的安定有序产生积极的作用与影响。

（2）高校教育管理是构建和谐校园的重要手段

高等学校是现代社会中不可或缺的重要社会组织，担负着培养人才、推进科技进步、传播先进文化的重要任务。构建和谐校园，是构建社会主义和谐社会题中应有之义，也是推进高等学校科学发展的内在要求。

第一，加强高校教育管理，引导和组织大学生积极发挥在和谐校园建设中的主体作用，是构建和谐校园的重要保证。

第二，加强高校教育管理，建立和完善学生参与民主管理的组织形式，引导、支持和组织学生依法参与学校的民主管理和实行自主管理，切实维护和保障学生在校期间享有的权利，引导和督促学生全面履行法律规定的义务，自觉遵守国家法律和学校管理制度，能够有力地推进高等学校的民主法制建设。

第三，加强高校教育管理，妥善地协调学生与学校、学生与教师之间的关系，维护学生的正当利益，实事求是地评价学生的思想品德和学业成绩，公正地实施奖励和处分，正确地处理学生中的各种矛盾和问题，可以使公平正义在校园中得到弘扬。

第四，加强高校教育管理，督促学生在学习考试、科学研究、人际交往和日常生活中坚持诚实守信，做到不作假、不盗窃，引导学生尊敬师长、友爱同学、团结互助，才能在校园中形成诚信友爱的良好风气。

第五，通过高校教育管理，充分调动学生的积极性和创造性，围绕专业学习，开展丰富多彩的社团活动和社会实践活动，鼓励、组织和支持学生开展科学研究、进行创造发明、尝试创业活动，才能使校园真正充满活力。

第六，通过高校教育管理，建立和维护学校正常的教育教学秩序和生活秩序，加强学生的安全教育和管理，保障学生的身心健康，有效地预防和妥善地处理学生中的突发事件，努力建设平安校园，才能使校园实现安定有序。

第七，通过高校教育管理，引导和督促学生自觉维护校园环境，节约使用水、电等各种资源，才能使校园成为人与自然和谐共处的生态校园。

（3）高校教育管理是促进高校学生集体和谐发展的重要手段

高校学生党团组织、班级、学生会、社团等都是高校学生在高校内团体生活的主要表现形式，这些团体活动包含了政治、学习和生活等各方面的因素，对高校学生的思想有着直接而有力的影响。高校学生集体的和谐发展，不仅可以促进学生个人的健康成长，对高等学校内部的和谐稳定也有积极的影响和作用。

高校教育管理可以有效地规范大学生的集体活动，对大学生集体活动的和谐发展意义重大。以下通过三个方面进行具体阐释。

第一，高校教育管理可以指导高校学生集体自觉遵循学校规章制度，以高校人才培养和学生自身发展为中心，开展多样的集体活动，有效地发挥高校学生的主观能动性，促进高校学生集体发展和学校发展统一。

第二，高校教育管理可以增强高校学生的集体建设，即思想建设、组织建设、制度建设和作风建设等，加强高校学生间的团结互助和沟通交流，促进个体的良好发展。

第三，高校教育管理可以规范高校学生集体的秩序，正确处理各类集体之间的关系。在面对大的活动的时候，高校各学生集体间要加强沟通，争取互相之间的协调配合与支持，使大学生形成自我教育与管理的合力，促进高校内各学生集体的团结互助与和谐发展。

第二节　高校教育管理的原则

在高校教育管理过程中，教育管理的原则是这个过程得以实施的奠基石。恩格斯在对原则进行讲解时曾经说过：原则更应该关注结果；原则不是被应用的，应该是被抽象出来的；原则只有适合的时候才是正确的。所以，我们在研究高校教育管理的原则时，要多注重这个原则的正确性。高校教育管理的原则应该来自相应的党的思想和政策的指引。高校教育管理的原则包括以下方面。

一、方向性原则的保持和确定

保持高校教育管理方向性原则的根本出发点在于"培养什么人"和"如何培养人"。高校教育管理是高校教育教学及办学内容中的重点之一,涉及高校教育教学的各个方面。高校教育管理工作的成效,会直接影响当今高校能否完成培养社会主义事业建设者和接班人的目标。方向性原则是指高校教育管理目标的确定,高校教育活动的开展,都需要参考高校育人的总体目标,并且保持高校教育管理目标的正确性。

高校教育管理目标的确定,还需要遵照国家教育方针政策中规定的相关标准,保持方向上的统一性。因此,我们说方向性原则是高校教育管理中的决定性原则,只有坚持这一原则,才能使整个高校教育管理的总体目标呈现出正确的趋势,使高校教育管理的方向不跑偏,真正有利于社会主义事业建设者和接班人的发展和教育。这种方向性原则,是带有高校特有的教育管理属性的,也是在我国过去高校教育管理经验的基础上累计和分析而来的。保持方向性原则的正确性,需要做到以下几点。

(一)提升高校教育管理者的政治觉悟和意识

高校教育管理呈现出政治方向和价值导向的鲜明性特征。高校教育管理的服务对象是一种特定的社会和阶层,在特定的社会和阶层中,高校教育管理呈现出目的的差异性、理念的相异性和方式方法的区别性等态势。在对高校教育管理进行研究的过程中我们发现,针对高校教育管理的理论和实践,总会出现一些典型的政治导向缺失的问题,特别明显的就是政治的功能性和价值导向性两方面。因此,在高校教育管理方向的把控上,要保持高校管理者的思想和政治意识。在管理工作的开展中,高校管理者要保证自己的思想方向,积极引导广大高校学生在社会主义发展道路上的使命感,着力解决大学生人生价值到底应该如何正确体现等实际问题。

(二)保持管理制度的合法性,体现管理的政治导向性

方向性原则的坚持,也是自觉接受党的领导的一种具体体现。这种方向性的坚持,是要以党的方针和政策为核心重点的。具体来看,学校的各类制度,也是贯彻落实党的方针政策的途径之一。在这种途径上,具体显现出的就是管理制度的政治方向和价值导向。

因此,高校在制定各项教育管理制度时,一定要以国家的相关法律法典为参照,保持思想和方向上的一致性。在高校教育管理制度的方向性原则的执行过程中,要坚定大学生的社会主义信念并在社会主义实践中成才。

（三）管理目标的调整需要整合时代的需求

保持高校教育管理的方向性原则，要体现在方向上，更要体现在管理是否符合时代的需求上，主要集中点需要放在能否实现党和国家层面的中心任务上。在不同的时代和不同的时期，党和国家的阶段性目标和任务是不一样的，具体体现到对人才的需求点上也是不一致的。这需要高校教育管理工作紧扣时代的发展主题，在目标的制定上呈现出不断调整的态势，在管理模式的创新上也呈现出不断的动力性特征。当前，发展是硬道理，经济建设也是重中之重，在制定管理目标时，要根据这一重点进行方向性指导。

二、发展性原则的建立和促进

建立和促进高校教育管理的发展性原则，首先是管理工作本身呈现出来的发展性特征，其次是高校教育管理通过对学生的全面发展而具体呈现。从高校教育管理自身出发，当前，我国社会生活呈现出发展变化的复杂性特征。高校教育管理工作的各个方面都呈现出剧烈变化的态势，如高校教育管理内容的趋势、对象等。这就要求高校教育管理的制度、结构能保持变化的驱动力，高校的管理方法、管理目标和管理手段要进行及时的修正和调节，保证高校教育管理工作的成效性。其具体要求有以下几点。

（一）要树立正确的发展意识

在思想和行动的关系中，思想是行为的探路者。发展理念决定了相应的管理手段和管理的结果。在传统的高校教育管理中，高校更注重学生管理的制度建设，期望用制度对学生的行为进行约束和管理，在实践中容易丢失沟通的桥梁。这种管理，容易伤害学生的自信，打击学生的主动性，跟学生全面发展的宗旨背道而驰。在管理实践中，高校要更多地注重学生全面发展的具体要求，看到社会对学生全面发展的紧迫性要求，打破常规，使学生的管理理念更具有先进性，能跟随时代对学生全面发展要求的脚步。

（二）要不断推进管理创新

这一点，主要针对管理本身的发展而言，学生在校的全面发展，是通过一定的管理途径来实现的，这种管理途径实际也是一个需要不断被创新的过程。这种创新，是建立在一定的规律之上的，这种规律就是高教管理教育的基础性规律。这种规律，促进管理创新能跟随时代步伐，坚持传承优良的传统与现行的创新相结合的办法，在工作的具体开展中保持自身的创造性态势，真正促进学生的全面发展。随着社会的不断进步和发展，高校教育管理工作所需要面临的环境、问题也越来越多，大学生时长出现方向性迷失的情况。如果高校的管理方法得不到创新发展，就无法适应学生对其真正的各类新型需求，不能真正解决问题。因此，管理创新也是时代和社会予以高校教育管理的一项重要任务。

（三）要集合各方面的资源促进学生发展的动力

长久以来，高校教育管理都比较强调学生管理和学生服务两大块。在具体的实施上，管理方面的实施是高于服务上的实施的，即高校很多的工作只是浮于表面，没有真正落地。实践证明，高校学生的事业规划、就业辅导、心理疏导等方面的发展能使学生更好地发挥其主动性和创造性。高校要分析和集合学校各方面的资源，对资源进行整合和分析，协调各个部门的关系，将学校的各方资源进行优化，保障学生发展的动力持久而强劲。

第三节　高校教育管理的过程

研究高校教育管理过程，主要是要弄清高校教育管理过程的含义和构成要素，把握高校教育管理过程的特点和主要环节。

一、高校教育管理过程的含义和构成要素

（一）高校教育管理过程的含义

高校学生在高校学习和生活过程中会出现很多干扰因素，这些干扰因素影响和制约着高校学生的成长与发展，因此高校教育管理为实现教育目标就需要对此情况进行规范与调整，这就是高校教育管理的过程。

高校教育管理过程实际上是一种循环往复的动态运行过程，其实质就是对组织环境和管理对象的变化与发展做一个良好的把握，通过对各种因素的实时调节与管理，在动态的情况下实现组织目标。相比高校教育管理的系统性的动态过程，单一的管理行为是没有办法直接达到管理的目的的，高校教育管理的目的只能在这个动态管理过程中完成。高校教育管理工作的良好实施离不开对管理过程的充分认知和把握，只有对高校教育管理过程进行全面的认知，才能将管理内容进行由整体至局部的拆解，继而彻底做好高校教育管理的各部分工作以及整体上的工作。

（二）高校教育管理过程的构成要素

高校教育管理过程包含四个基本要素，即管理者、管理对象、管理手段和职能、管理目标，这四个基本因素是协同合作、必不可少的。以下就是这四个基本因素的具体内容。

第一，管理者。在高校教育管理过程中，谁来进行管理。

第二，管理对象。高校教育管理是一个整体管理的过程，其中必然涉及管理什么，

高校教育管理的管理对象众多，人、财、物、时间、空间、信息等都包括在内。

第三，管理手段和职能。高校教育管理必然要通过一定的管理手段和方法才能良好运行，也必然要通过一定的方法实施才能发挥作用、达到管理目的，目前，除了行政方法、法律方法、经济方法、教育方法等基本管理方法外，高校教育管理还需要对管理对象进行一系列的包括预测、决策、计划、组织、激励等相关举措。

第四，管理目标。高校教育管理需要有可实现的管理目标，以待后期对管理做出方向上的明确与调整，并最终达到预定目标。

二、高校教育管理过程的特点

目的性、有序性、可控性是一般管理过程的特征，而高校教育管理过程除了一般管理过程的特征，还有以下三方面独有的特点。

（1）高校教育的管理过程是一个高校教育管理工作者与大学生双向互动的能动过程，高校学生的管理工作是相对复杂的，在高校教育管理过程中，管理者是具有主导性作用的，被管理者则是管理过程中的主体，二者都应发挥自己的作用，努力达成统一。另外管理者和被管理者积极发挥主观能动性，二者之间相互影响、相互互动的过程就是高校教育管理的过程。管理者要对被管理者有一个清楚的认知并进行恰当的塑造，而被管理者对管理者的管理举措要有一个正确的理解，遵循管理者的管理指导，对自己的行为进行约束与管理，达到自我教育的效果，从而对管理和自我管理做一个很好的融合，如果被管理者能够很好地接受管理者所传达的思想观念和行为规范，并将其纳入自身的思想品德结构中，那么这种思想纳入可以"内化"成支配和控制自身思想和情感行为的内在力量，帮助被管理者实现由"管"到"理"，由"他律"到"自律"的飞跃。

（2）高校教育管理过程是有效利用学校的各种资源，为大学生成长成才提供指导和服务的过程。高校教育管理的目标是为社会不断培养和输出合格的专业人才，高校教育管理若要发挥其最大的效益，就要在高校教育管理过程中对各种资源进行合理的分配与使用，从而帮助人才的成长和发展，另外还要将各种基本的管理要素，如人、财、物、时间等协调运转起来，继而为高校学生的成长与发展提供行之有效的指导。

（3）高校教育管理过程是与大学生教育过程紧密结合，保证教育目标顺利实现的过程。当今的高校学生的特性之一就是思维活跃，在高校教育管理的过程中，要避免伤害高校学生较强的自我意识和自尊意识，所以这就要求管理者在管理过程中注意管教结合，以实现教育目标为前提，做到管中寓教、教中有管。管理者在管教的过程中还应注意多多提升自身的管理能力，争取在管理沟通工作中做到寓情于理，从而使高校学生在管理过程中受到启发和教育，并逐渐内化为自身的思想结构，这样一来，受管理过程的长期影响，作为被管理者的高校学生会将内化的思想观念和行为准则转化为自己外在的行为，从而实现由"内化"到"外化"，由"他律"到"自律"再到"自为"的飞跃。

三、高校教育管理过程的主要环节

决策、计划、组织是高校教育管理过程的主要环节，它们之间相互区别，又联系紧密。

（一）高校教育管理决策

高校教育管理决策是指高校教育管理工作者为了达到一定的目标，在掌握充分信息和对有关情况进行深刻分析的基础上，运用科学的方法，从两个以上的可行性方案中选择一个合理方案的分析判断过程。高校教育管理决策的过程共包含以下四个方面。

1. 研究现状

没有问题就不需要决策，所以决策存在的前提条件是有问题需要解决。因此，在制定决策之前，一定要对高校教育管理过程中是否存在问题进行了解与解析，确定了问题的存在，要分析是属于何种性质的问题，并将问题延展开，分析此类问题是否已经对高校学生的学习和生活、高校自身的建设和发展、社会的发展等产生了负面影响，由此作为依据再决定是否对此制定决策，这些问题同时还是决策的起点。高校教育管理过程中，高校高层的管理人员应积极发挥主观能动性，对学生在校园内的生活给予充分的关注，运用自身的职能把握全局，从而找出问题的关键。

2. 确立目标

高校学生在高校学习、生活、对自己专业技能的培养和提升以及未来毕业后进行就业与创业时，会面临很多的问题和挑战，我们要在此基础上做出分析，并且更进一步地研究这些高校学生在面临这些可能出现的问题时，采取何种措施，达到什么效果，也就是说，要明确决策目标。决策目标的确立有六个方面的作用。

第一，决策目标的确立，明确了学校内部的各种目标的一致性，只有目标一致，工作才能很好地开展下去，也有利于高校和学生的健康发展。

第二，决策目标的确立，同样明确了高校教育管理工作的方向，高校在进行教育管理的资源调配过程中，就可以将决策目标作为依据，顺利地开展管理工作。

第三，决策目标的确立，对学校内各方面的良好氛围的形成与培养有着重要的作用，高校学生在高校内的学习和生活会持续很长一段时间，因此能够为学生提供和促成一种井然有序的学习、生活秩序，决策目标的确立可以促进形成这种普遍的思想状态和生活氛围。

第四，决策目标的确立，可以有效地帮助识别和学校目标保持一致的学生群体。对和学校决策目标保持一致的学生来说，决策目标的确立和实行可以有效地帮助他们形成良好的学习实践活动和生活核心；对和学校决策目标不太一致的学生来说，决策目标的确立和实行也为阻止学生的不良活动提供了一种解释。

第五，决策目标的确立，可以帮助学校将目标细化并转化成一种分工结构，即促进学校总目标和不同阶段目标的分工结构的形成，这也有利于学校内部将任务分配到各个责任点上。

第六，决策目标的确立，对组织预算和控制各项活动的成本、时间和成效都有很大的帮助，用这种可预估和可控制的方式有助于提供一份组织目标和把这种总目标转化为分阶段目标的详细说明。

以上说的是决策目标的确立具有何种良好的作用，以下则是为了确立决策目标，需要做哪些工作。

（1）提出目标

想要确立决策目标，必须先提出目标。上限目标，即理想目标；下限目标，即必须实现的目标。

（2）明确目标的多重性与互斥性

高校教育管理的目标具有多重性，要明确多元目标之间的关系，对于不同年级、不同专业的学生来说，目标的侧重是不同的，一般决策只能在特定时期选择一项作为主要目标。多元目标有联系性也具有互斥性，如对面临着毕业的高校班来说，考研究生、考公务员以及求职之间联系紧密，但互斥性明显。所以确立主要目标与次要目标之后，更要明确它们之间的关系，这样才能将全副身心投入主要目标活动里去，避免因小失大。

（3）对目标进行限定

不同目标的设立给高校和学生带来的是不同的结果，有利目标的执行，会帮助高校和学生产生有利的成果；不利目标的执行，则很大程度上带来不良的后果，所以高校要平衡这两者之间的关系，对目标加以限定，规定一个程度与范围，在范围内的活动都是被允许的，一旦超出则对计划与目标进行活动终止。一般而言，有两个基本特征的目标可供衡量和把握，即能够计量规定期限和确定责任人。

3. 拟定决策方案

选择是在拟定决策方案时的关键，只有提供的可选择方案越多，才能更易做出正确的选择。通过实践，我们可以看出只有通过举办多种多样的活动，才能对目标有一个很好的实现，因此需要拟出多个决策方案来帮助目标的实现。决策目标的成功实现往往伴随着众多的决策方案的实行，因为对于管理者而言，若行事方法只有一种，那么这一种方法极有可能是错误的，这就要求管理者思考多种优良方案。

4. 比较与选择

方案进行拟定以后，就需要对方案的优劣进行评价和比较，进而做出考虑和选择。一般而言，会通过以下三方面因素来进行选择：首先，要检查方案的实施条件是否完备，同时预算方案成本；其次，若方案实施成功，可以为高校和学生带来怎样的短期利益与长期利益；最后，要提前预测方案实施过程中可能遇见的各种问题和困难，从而预估方案实施成功的概率有多大。在将所有的方案通过以上三类要素进行评估之后，得出的差异化结果可以帮助我们分析每个方案的优势和劣势，帮助我们更好地选择。在明确方案优劣后的选择，不仅可以让方案的优势得以发挥，还可以对方案中的劣势环节进行充分的准备与解决，并同时预备好应急策略以面对突发情况，从而避免损失。

（二）高校教育管理计划

高校教育管理计划就是在决策既定目标的前提下，进一步根据实际情况，科学地、及时地预计和制订为达到一定的目标的未来行动方案。具体来说，就是通过将学校在一定时间内的活动任务分解给学生管理的每个部门、环节和个人，从而不仅为这些部门、环节和个人的工作以及活动的检查与控制提供依据，而且为决策目标的实现提供组织保证。

1. 高校教育管理计划的制订

一般而言，高校教育管理计划的制订可以遵循以下四个步骤。

（1）收集资料，为计划的制订提供依据

由于计划多种多样，所以进行计划制订的时候，一定离不开不同专业和不同年级高校学生的资源配合与执行，所以计划制订者在制订计划的时候，需要搜集多专业、多年级的高校学生的活动能力及外部资源的资料，为计划者制订计划提供合理有效的依据。

（2）目标或任务分解

依据决策总目标，进行阶段性目标分解实现的分工结构，有助于将长期目标细化成阶段性的目标，从而将阶段性的目标落实进各个部门、各个活动环节，有效地明确每个阶段性目标的责任，促进工作的良好开展。目标或任务分解的主要目的还是促进学校形成良好的目标结构，即目标的时间结构和目标的空间结构。依据目标结构，高校目标可以分为较高层次的目标与较低层级的目标，较高层次的目标一般而言是总体目标和长期目标，而较低层次的目标一般而言是部门、环节和各阶段目标，目标结构就是描述了这二者之间相互指导与保证的关系。

（3）目标结构分析

目标结构分析主要是研究高校较低层次目标（高校各阶段目标）对较高层次目标（高校长期目标）的保证能否落实，这点对高校教育管理计划的制订十分重要。高校各部分各阶段目标的达成，是促使整体目标的实现的必要条件。高校若在阶段目标的实现过程中发现某个或某些具体的目标无法达成，就要考虑采取相关的补救措施，以促进整体目标的达成，若出现具体目标无法补救的情况，就需要考虑对较高层次目标进行相关调整和修订了。

（4）综合平衡

高校教育管理计划的制订还应注意综合平衡的工作。

第一，平衡工作一般分为时间平衡和空间平衡，即与决策目标结构对应的学校各部门在各时期的任务是否相互协调和衔接。分析学校各阶段任务是否相互衔接，以保证学校活动能够顺利进行的工作，是时间平衡方面的工作；分析学校各阶段各部分任务之间是否协调，以保证学校整体性活动能够相互进行的工作，是空间平衡方面的工作。

第二，高校活动是否能够顺利进行与高校对其资源供应有着密不可分的关系。高校活动的进行和实施离不开高校的资源供应，能够在恰当的时间为活动筹集到足够的物资，保证活动的顺利举行和持续开展，是综合平衡工作中的一部分。

2. 高校教育管理计划的执行

高校教育管理计划制订之后，就要对制订的计划进行执行，若没有执行的步骤，任何计划都是空谈。在高校教育管理计划的执行过程中，高校管理者和高校学生是计划执行的主要力量，计划的执行过程中是否能够保质保量、是否能够圆满完成，很大程度上取决于执行者，即高校教育管理者和高校学生，在计划执行过程中是否积极发挥了主观能动性。

3. 高校教育管理计划的调整

任何计划执行的过程，都不是一成不变的。计划制订后进行执行的期间，时常会有实际情况的变动，而此时执行者就需要根据实际情况对计划的执行做出最恰当的调整。另外不仅是客观因素的影响，随着时间的推移，执行者的认知也会不断地改变，对计划的实时调整，有助于执行者对计划更好地执行，从而呈现出最好的计划成效。高校教育管理计划同样需要执行者根据实际情况进行不断的恰当调整。

滚动计划就是能够符合高校教育管理计划调整的一种现代计划方法，它的特点便是可以在计划执行过程中根据实际情况的相应变化而对计划做出实时恰当的调整。

这种方法根据计划的执行情况和环境变化情况定期修订未来的计划，并逐期向前移动，使短期计划、中期计划有机结合起来。一般计划的制订是符合当时条件下的最恰当的内容，但随着时间的推移与发展，很多因素都会变化发展。计划工作的难点之一就是很难从开始就全盘预估到后来的情况，并且随着计划的延长，工作中的变化和不确定性因素会逐渐加剧，如果仍然按照过时的计划开展工作，肯定会带来不可预估的损失和不良后果。滚动计划的采用就很好地规避了这种不确定性带来的不良后果。

滚动计划的基本做法放到高校教育管理计划执行的过程中来就是，高校先制订好一个时期的计划，然后执行者在计划的执行过程中，要注意高校内外因素的变化，并根据这些变化对计划加以修正，使计划不断地延伸和发展，滚动向前。一般而言，长期计划在执行过程中，所面临的执行环境是非常复杂的，因素变动也是最多的，所以滚动计划方法更多的是在长期计划中应用，通常是对长期计划进行的修正和调整。如滚动计划可以根据高校内外条件因素的变化和计划实际的开展情况，来进行适时恰当的修整，从而促进一个为高校各部门、各阶段活动做导向的长期计划的形成。当然这种计划方式也不是完全绝对的，也是可以应用到短期计划工作中的，如年度和季度计划的制订和修正。

（三）高校教育管理组织

为了使高校内人、财、物、信息、时间、技术等资源都得到最佳且合理的配置与应用，高校教育管理组织应运而生。高校教育组织是一个高校学生管理机构和学生工作管理者，通过对管理机构的建立，对职位、职责和职权的确立，对各方关系的协调，把组织内各要素联结成一个有机整体，从而对计划进行有效的实施与修正的组织。高校学生的健康成长、良好的未来发展和高校教育管理目标的实现，都离不开科学的高校教育管理机构的设置和合理有效的组织工作的实施，而科学合理的且能行之有效的高校教育管理机构的建构就至关重要。

目前而言，各大高校学生管理工作的组织结构形式已趋于一致，由上至下分别是：学校党委和学校行政；校党委副书记和副校长；学生工作处和团委；院系党总支副书记；年级辅导员；学生会。

1. 学生工作处

学生工作处具有两种工作职能：行政管理职能和思想政治教育职能。行政管理职能的主要工作是面对学生的日常管理方面，如对应新生的招生工作，应对毕业生的就业工作，应对日常的奖惩、生活指导等行政管理工作。思想政治教育职能则更专注学生的思想教育方面，如新生入学教育、学生日常生活方面的思想教育和毕业就业方面的思想教育。学生工作处将二者进行结合，可以有效地规避管理和思想上的脱节，推动学生工作在高校党委宏观指导下的顺利进行。

2. 团委

在高校教育管理组织中，团委的主要职能是在学校党委的领导下，对大学生团体组织的建构与管理做好把关工作，同时在学生会和学生社团方面、学生的社会实践活动和志愿者活动方面，都做好相应的管理与指导工作，负责这些活动的顺利开展。

3. 学生会

学生会、院（系）学生会和各班级的班委会共同组成了学生会，其是一个结构完整的组织系统。在管理方面，学生会的管理系统比较严密，学生会既有独立性又有整体性，即各部门和各成员之间不仅有分工还有协作。学生会组织在高校教育管理组织中占据着重要的地位，是高校教育管理工作可以顺利实施的有效条件，所以在进行高校教育管理的过程中，学生会组织的完善、巩固得以实现。同时，学生会是由高校学生组成的，不仅涉及高校学生学习、生活、就业等各方面的事情，更代表着广大高校学生的切身利益，所以高校上级管理部门对学生会组织不仅要给予必要的指导，还要给予一定的财力支持，促使学生会组织能够积极地发挥主观能动性，使学生会真正地起到连接学生与学校的桥梁作用，有效促进高校教育管理的顺利开展与实行。

4. 大学生自我管理委员会

大学生自我管理委员会一般是挂靠在学生或团委处，由三个部门构成，即生活保障部、宿舍管理部和风纪监察部。

下面将对三个机构职能进行具体阐述：①生活保障部。生活保障部主要针对的是高校学生在校期间的就餐方面，它的主要任务就是通过对就餐环境的美化和就餐秩序的维护，构建文明食堂，为高校学生创建文明的生活环境。②宿舍管理部。宿舍管理部主要是通过对高校宿舍进行管理，给广大高校学生提供一个可以进行良好学习和生活的清洁又舒适的环境。③风纪监察部。风纪监察部主要是对高校校园环境的整治，即对高校学生发生的违纪行为进行监督与治理，对食堂的秩序进行维护与引导等。

第四节　高校教育管理的发展

以高校教育管理的历史考察为根据，全面梳理高校教育发展的脉络，总结前人的历史经验，对我们解析高校教育管理的新发展意义重大。

一、高校教育管理发展的历史经验

随着高等教育的不断发展，高校教育管理也不断地发生变化。中国共产党自成立以来，领导着高等教育从无到有，并不断地发展变化，一路上成绩颇丰。在此期间，高校教育管理也相应地发展变化，最终慢慢成熟起来。尤其是改革开放以后，高校教育管理的实践为高校教育管理积累了宝贵的经验。具体有五个方面的内容。

（一）遵循国家教育方针

若要确保高校教育管理发展的方向不偏离轨道，就离不开国家教育方针的正确指导。国家在一定历史时期为了实现既定的基本路线和基本任务，会提出明确的国家教育总方针，一切教育都要遵循国家教育总方针的要求。在国家教育方针的领导下，明确了我国教育的总方向，明晰了我国对人才的培养与要求，方针的明确规定集中体现了坚持党对教育工作的领导，坚持教育服务于社会主义现代化事业，教育与生产劳动相结合，培养德、智、体、美全面发展的社会主义接班人等要求。高校的一切工作要以国家教育方针为指导进行积极的建设与开展。具体而言，高校教育管理是一种高校工作管理的手段，是服务于国家教育方针的，高校教育管理开展得是否正确，关系着为国家输送的人才是否符合社会主义接班人要求的问题，所以高校教育要全面贯彻国家的教育方针，为培养合格的社会主义接班人服务，要规避因偏离国家方针导致高校教育管理混乱失序的情况发生。

（二）发挥育人功能，依据教育规律科学管理

管理是一门科学。管理科学中的一个分支是高校教育管理，高校教育管理既具有一般管理工作的规律和特点，也具有符合其自身管理特征的规律。高校教育管理的对象是高校学生群体，有特定的指向性，这是和一般管理工作的区别点，高校教育管理应在遵从一般管理规律的情况下，发挥其独有的规律和特征，从而达到为社会输送合格人才的要求。随着改革开放，我国经济迅速腾飞，不仅社会结构与利益格局发生了深刻的变化与调整，还给人们带来了新的观念，不可避免地对人们的思想产生了强烈的冲击。立足新的时代背景，高校学生的观念也发生了骤变。整体而言，比较好的方面是高校学生树立了众多与时代相符的正面意识，如自强意识、创新意识、成才意识、创业意识等，但与之相对的，高校学生的思想也在一定程度上产生了一些不良的观念问题。基于此，高校教育管理在开展工作的过程中，应及时把握时代特征，对大学生开展符合其时代与自身特点的教育工作，不断探索新的科学的管理方法，从而利用科学有效的管理工作，引导高校学生树立正确的思想观念，促进高校学生的健康成长与发展，不断为社会输送合格的人才。

（三）完善学生管理制度，提高管理水平，依法管理

依法建章、规范管理是现代学生管理所必须遵循的原则，是贯彻依法治国、人才强国战略的必然要求。随着社会的不断发展，高校的办学规模也得到扩展，高等教育也由精英化不断走向大众化，同时随着办学层次的提高，作为一种公共权力的高校教育管理，如何行使其职权也日益得到了广泛的关注。随着高校教育的不断开展，高校学生群体由之前的法律意识淡薄逐渐向知法、懂法、遵法转变，法律意识的培养与加强，使学生维权活动日益增多，基于这种新的实际变化，高校教育管理在管理工作中更应依法管理，对管理制度进行不断的优化，健全管理制度，细化管理流程，对于涉及高校学生切身利益的问题，高校教育管理要切实地保障高校学生的合法权益。

综上，高校教育管理在管理工作中要充分地考虑自身的办学层次与特色，进行符合自身特点的办学类型的创新，量体裁衣，制定符合自身的科学化、规范化的教育管理制度。同时，在符合自身管理制度的基础上，要不断地提高自身的管理水平和能力，做到依法管理。

（四）坚持教育与管理相结合，形成齐抓共管的长效机制

高校学生在校期间的学习、活动、生活等各个方面，高校教育管理都参与其中。高校教育管理的各个部门协力管理着高校学生的校园生活，承担着相应的管理责任。如高校教学、科研和行政管理部门对学生的学籍管理、群体组织管理、群体活动管理、安全管理等。

高校学生是一个特殊的群体，因此高校教育管理在开展管理工作的过程中，不仅要注重对高校学生的管理工作，还要注重对高校学生的教育工作，坚持教育与管理相结合的工作模式，积极发挥高校各个部门相互之间的紧密协作，改变高校教育管理只是学生工作部门的责任的认知，形成齐抓共管的长效机制。这就要求高校各部门明确相互之间的职责与分工，在这个前提下，各部门工作才能有效地进行配合，形成长期的工作合力。若要形成以上齐抓共管的长效机制，同样离不开高校对体制和队伍方面的建设，如各部门联席会议制度的定期举行、学生工作领导小组的建设等，对于协调各部门工作职能方面具有良好的促进作用，有效地提高了高校教育管理工作的针对性和实效性。

（五）充分利用现代科学技术手段

不断创新管理方式、方法。时代是不断向前发展的，科学技术也在不断地进步与革新，相应的高校学生与高校条件也在不断地发生着变化，这就要求高校教育管理的工作方法也要不断地进行创新与开拓，以充分适应变化发展的新情况，如高校教育管理工作中管理者可以运用信息技术、计算机网络技术、测量技术、咨询技术等技术手段，不断地推动高校教育管理方式的创新与发展。高校教育管理工作要注意两方面的内容。

第一，高校教育管理工作中，要充分地运用科学技术，对高校办公网络化、自动化进行积极的建设；同时在高校教育管理过程中，高校也应重视对网络技术和信息技术的科学手段的积极运用，将现代技术铺展进高校教育管理的工作中去。

第二，高校教育管理工作，应以科技手段为辅，积极开发针对高校教育管理实际的应用技术管理平台，应用科技手段对管理方式进行不断的创新，如大学生信息管理系统和高校教育管理网络互动系统等现代化办公系统的建立。

二、高校教育管理发展的新情况

（一）管理环境的新变化

1. 国际国内环境的变化决定了高校教育管理环境的时代性

第一，随着时代的不断发展，全球化趋势不断增强，我国在政治、经济、文化、教育等诸多领域的国际交流与合作日趋频繁，高等教育国际化进程加速。其中，作为新生

一代的高校学生，在这种大背景下受到的影响最为深远，经受着西方文化思潮与价值观念的强烈冲击。高校教育管理应立足全球化的环境背景，根据自身的发展特点，在吸收国际先进管理工作经验时，发展出一条符合中国高校教育管理特色的道路来。

第二，改革开放后，随着我国经济的腾飞，我国社会结构与利益局面也发生了深刻的变化，这种社会变革深刻地影响着我国的新生一代，高校学生作为其中的代表，受益的同时也遭受着诸多矛盾的影响和冲击。随着高等教育从精英化向大众化的不断转变，高校学生的构成也发生了翻天覆地的变化，越来越多的不同年龄阶段、不同学历层次、不同社会阅历、不同价值追求的人进入高校进修与学习，高校教育管理为适应管理对象多样化的新特点，也应做出对应的变化与发展。

第三，随着高等教育的不断开展，高等教育法制化进程的不断深入，高校学生群体也由之前的法律意识淡薄逐渐向知法、懂法、遵法转变，高校学生群体的维权意识不断增强，权利诉求的不断增加，学生需要从学校获得更多的自由和权益，因此高校教育管理在面对这种新情况时，不应只止步于简单的学生管理，而是应把"以人为本"和"从严管理"相结合，针对新情况进一步开拓学生管理工作的内容，推动符合时代特征的管理方法的发展与变革。

2. 高校办学模式的变化增加了高校教育管理环境的复杂性

随着社会的发展，高等教育规模和高校后勤社会化进度也在不断地扩充与推进，部分高校也从以前的单一校区发展成了多校区，教学也随之发生了变化，很多校园也从一开始的封闭式变成了开放式，高校的集群化发展导致部分地区形成了大学城，高校学生在内生活，相比过去而言，生活社区化和成长环境化正逐渐成为高校学生学习和生活的新问题。高校学生的学习、生活、社交、实践、娱乐等活动也随之发生了走出校园、走进社区和走向社会的新变化。这些新情况无疑增加了高校教育管理的工作难度，使高校教育管理对学生的群体管理从以建制式为主转变向以流动式为主，同时高校学生的安全问题对高校教育的管理者来说也是一个不容忽视的挑战。

学年制井然有序的教育管理模式随着高校学分制和弹性制的不断实行与规范逐渐被打破，高校学生的班级观念不断淡化，逐步形成了以课程为纽带的丰富多变的听课群，高校学生在对专业、课堂、修业年限的自主选择后，不同专业甚至不同学校的学生都能够在一起学习，这更增加了学生管理环境的复杂性，同时导致学生管理对象亦日趋复杂。

3. 学生就业、资助、心理等现实需求的强化，凸显了高校教育管理环境变化的现实性

对于即将毕业的高校学生而言，就业问题是他们步入社会之初需要首先面临的一大挑战，就业管理显示，伴随着就业高峰，就业难问题已经引起了社会各方面的关注，同时也是每个高校学生最关心的问题。就业形势日益严峻，面对国家的就业政策和就业市场规律，高校学生出现了不适应的情况，同时高校学生在就业心态上也出现了不同程度的偏差，虽然学校提供就业市场、咨询指导、职业生涯规划、就业服务等相关的就业服务，但学生的诉求变高了，目前的高校就业管理并不能完全满足这些诉求，这就要求高校就业管理能够及时把握时代特征，根据学生就业需求方面的实际变化，做出对应的优化与调整，切实地帮助学生解决就业难题。

随着我国经济的不断发展，人民生活水平有了显著提高，但从高校学生的实际情况来看，我国高校学生中经济困难的学生仍然有较高的比例，高校资助管理的工作就是为了避免高校学生因经济困难而退学。从对高校经济困难学生的传统资助来看，高校资助管理工作只是为学生提供了经济方面的援助，并未进行相关的心理辅导，这就使得部分经济困难的学生出现了情感负担重以及上进心缺失等心理问题。随着高校教育管理工作的不断开展与优化，资助管理工作也应做出新的改变，针对部分经济困难学生的心理健康问题，高校资助管理工作不仅要为学生提供经济上的需求，还要扩充资助管理工作的内容，以期满足经济困难学生的精神需求。

从高校学生心理健康发展来看，部分高校学生出现的不同程度的心理问题会大大影响他们的高校生活，对高校学生开展心理咨询与调适是十分必要的，高校学生对这一变化亦日趋认可。但随着社会环境的不断发展与变迁，影响高校学生成长的因素变多，高校学生在成长环境的较大的差异化等条件的综合作用下，呈现出了极具时代特征的心理特点和心理问题，不断出现新的心理问题，尤其是发展性心理问题，对高校教育管理提出了新的要求。新的情况要求高校教育管理者在工作过程中，需要对学生的思想和行为进行密切的关注，并根据不同学生的特点，因人而异地实施不同的心理问题干预手段，对学生的心理问题进行有效的解决。

需要注意的是，经济困难学生、就业困难学生和心理困难学生并不是独立存在的，还不同程度存在着经济、就业、心理三方面困难复合而成的"复困生"，这些综合因素对高校教育管理工作的开展是不小的挑战，使学生管理工作的难度大大增加。

4. 互联网的发展增加了高校教育管理环境的挑战性

随着信息技术的进步，特别是互联网的发展，社会生产生活方式发生了相应的变化。一方面，网络已经成为大学生获取信息的主要来源，大学生既是网络信息的生产者，也是网络信息的消费者，海量信息对促进大学生更新知识、拓宽视野有着较大的促进作用，有效地激发了他们的学习兴趣、创新意识、竞争意识，形成新的文化意识和文化精神。另一方面，网络也给高校学生管理工作的有效开展带来了一定的负面影响。网络信息的开放性、快捷性、丰富性等特点，使得知识的权威性受到质疑。网络的虚拟性、隐蔽性使网络成为有害信息的滋生地和传播地。一些大学生沉溺于网上虚拟世界不能自拔，难以明辨信息而上当受骗，甚至出现了网络犯罪等情况。对学生管理而言，网络是一把"双刃剑"，给学生管理工作带来了新的挑战，学生管理工作者应具有网络化思维，在网络环境中加强学生的正向管理，最大限度地消除网络对学生的负面影响。

（二）管理对象的新特点

《中共中央国务院关于进一步加强和改进大学生思想政治教育的意见》明确指出：总体来看，现代大学生思想状况的主流是积极、健康、向上的。然而在目前经济发展和对外开放程度提高的条件下，在各种思想相互冲击的大环境中，大学生的思想活动在独立性、选择性、多边形、差异性上明显增强，容易受到各种思想文化的影响。比如，部分大学生存在社会责任感缺乏、艰苦奋斗精神淡化、团结协作观念较差、心理素质欠佳的问题。

1. 不同学生群体的差异性

从横向上看，不同学生群体由于理想追求、知识水平、生活背景、努力程度的不同，体现出了明显的差异性。

第一，党员群体。党员一般是大学生中的优秀分子，是各个大学生在学习、生活、思想上的标杆，是党与大学生联系最为紧密的桥梁和纽带。不管是理想信念、政治意识、政治认同，还是价值观、人生观，相比于其他学生群体思想觉悟较高。对于国家大事有关注，对于良好的社会公德去践行。有着强烈的正义感、集体荣誉感和团队精神，具有较强的自控能力，并且热心于帮助其他人。这些都是党员群体的优点，但是在这一群体中也出现了部分党员党性修养不足、功利性明显的问题，并不能对一个群体一概而论。

第二，学习优异学生群体。这一群体的学生对于学习有一个明确的目标和规划，对于新知识有着强烈的求知欲和探索精神；坚持真理，敢于批评；有时间规划，讲究高效率；有着良好的学习习惯，对于学校和班级的规章制度能够自觉遵守。但是在这一群体中，有部分学生存在对班集体没有融入感的缺点。

第三，后进生群体。这一群体学生存在的问题是没有明确的理想信念，没有承担社会责任的意识，错误的价值观念，不遵守规章制度。

第四，经济困难学生群体，这一群体学生的特点具有多样化。他们既有好的一面，比如，有着上进心和爱心，具备自强不息和艰苦奋斗的精神，也有存在缺陷的一面，如精神负担重，易于出现心理问题。这一群体的特殊性在于，好的一面与有缺陷的一面能够在一个个体上体现。

2. 不同年级的学生有不同的特点

从纵向上看，不同年级的大学生呈现出不同的特点。下面以本科生为例。

（1）大一年级学生

大一的学生初入大学，对于新生活抱有期待，热衷于参与新鲜事物，希望尽快转变自己的角色，具有较强的自尊心。但是大学和高中生活差异较大，学生不再是单纯的学习。有部分学生出现学习目标丧失、人际关系混乱、理财和生活经验缺乏等问题。

（2）大二年级学生

大二学生已经没有了初入大学的新鲜感，对于学习目标和自我定位有了更加理性的认识，在主动意识和学习意愿上较强烈。同时有部分学生在受到生活、恋爱等因素的影响后出现不同程度的心理问题。

（3）大三年级学生

大三学生在人生目标的制定上更加贴近现实，学生逐渐划分为保研、考研、就业、出国等群体，不同群体有着不同的特征。①准备保研学生，更加重视学习成绩和相关活动，对于保研的信息更加关注；②准备考研的学生，在学习习惯上更加有规律，更愿意自己一个人开展学习活动，对于参加集体活动的意愿不强烈；③准备就业的学生，更加关注自身技术和能力的提升，出现"考证"热潮，对于就业信息更加关注。

（4）大四年级学生

大四年级分为几个阶段。上半学期所有学生都处于紧张状态，准备保研的学生四处奔波，准备考研和就业的学生压力增大，他们都会不同程度地表现出焦虑、急躁等特征。下半学期，除尚未找到工作的学生外，其他学生的学习、生活开始呈现出散漫的状态，学生自由时间增加，社会兼职增多。毕业前夕更是表现出聚会多、安全隐患多等特点，毕业生离校教育管理的工作量大大增加。

（三）管理任务的新要求

在高校学生管理的任务中，最根本的是要解决学生的实际问题。重视学生管理任务，不仅是高校教育的要求，更是社会发展的需要。大学生作为国家的栋梁之材，重视学生的培养是十分重要的。在高校教育管理中要明确人才培养的具体标准，以及培养人才的方法措施，要抓住育人这一重点任务，坚持"高校教育，育人为本；德智体美，德育为先"的原则，从教书育人、服务育人和管理育人入手，运用理论教育的同时要结合实际，教育要做到内容与时俱进，形式符合实践，明确学生的需要，根据实际情况为学生解决具体问题。

辅导员作为大学教育中最贴近学生的群体，要明确其在教育管理工作中的职责和任务。具体体现为：①重视学生思想政治教育、服务育人工作以及班级建设和管理，需要注意的是，对学生的思想政治教育不能只体现在特定时间段或特定场合，而是要从日常小事出发，让学生习惯正确的行为举止和思维方式。②遵循规律，大学生的思想政治教育不能操之过急，而是要根据学生的实际情况调整教育方法，在继承旧理论、旧方法的同时进行创新，使用学生易于接受的方法开展工作，进而促使学生的成长和成才。③提高自身的工作技能和水平，思想政治教育的内容和方法在更新，面对的大学生也不是一直是一个群体，辅导员也需要不断学习新知识，扩充自己。④及时对工作进行调查和研究，根据工作对象和工作条件的变化，对工作思路和方法进行调整。学会运用新的工作载体，拓宽工作渠道，对现代科学技术手段和方法进行运用。工作要根据学生的具体情况来进行，增强工作的吸引力和感染力。目前，高校学生管理任务的现实要求有以下几点。

1. 一体化运行

对于现在具有时代性、复杂性、现实性、挑战性的高校教育管理环境，传统的学生管理已经不能适应新环境的变化，学生管理应该向教育、管理、咨询和服务拓展，要将高校教育管理的基本任务确立为大学生的群体组织管理、行为管理、安全管理、资助管理、就业管理以及管理的评估。想要实现学生管理工作的一体化运行，需要大学管理部门的协调运行，合作促进学生的管理工作顺利开展。

2. 专业化发展

高校学生管理必须要走专业化道路的原因在于：①高校教育管理环境的变化；②管理任务的细化；③管理对象的变化和高要求。专业化发展对于学生管理的效率和效益都有提高作用。

3. 个性化服务

随着高校教育的改革和社会的发展，现代学生更重视自己的个性化发展，高校教育要根据这一现状转变自己的服务和管理，最好能够实现个性化服务。高校教育通过针对每位学生的教导，促使每位大学生成长和成才。

4. 信息化促进

网络使学生管理工作面临新的挑战，已成为学生教育管理的重要阵地之一。这就需要高校学生管理工作既要利用网络加强对学生的教育、管理和服务，形成网上网下教育和管理的合力，又要充分利用现代网络技术，建立起信息化、网络化的学生管理系统，切实提高工作效率，更好地为学生服务。

5. 法制化保障

在现阶段，法院经常接收到大学生的案件，司法部门已经介入学校的教育管理。因此，在高校教育管理中也要重视法制化。实现法制化主要体现在两个方面：①学生方面，学生遵守国家的法律法规，不能触碰法律的底线，对于法律文件上有明确说明的，要遵守相关规范，对于法律文件上没有的，要根据社会道德标准和法律基本原则来做。②高校在制定学生管理制度时，要以国家和地方的法律条文为基点，并且考虑学生的具体情况，收集学生的建议和要求，从而保证规章制度的科学性和适用性。只有采取这样的方式，才会对学生管理的权威性和学校的秩序保障有促进作用。

第四章 高校课程体系概述

第一节 高校课程体系内涵

一、高校课程体系的内涵

"课程"的含义及功能是随社会的发展而发展的。"课程"一词最初在我国唐宋年间出现,含有学习的范围、程度、时限、进程的意思。在西方,斯宾塞第一个提出"课程"(Curriculum)这一术语。Curriculum源出拉丁语Cursum,意思是racecourse(跑马道),引申为"学习者学习的路线",而斯宾塞把它限定为"教学内容的系统组织"。现在,课程的内涵早已大大地扩展了,狭义的课程是指被列入教学计划的各门学科,及其在教学计划中的地位和开设顺序的总和。广义的课程则是指学校有计划地为引导学生获得预期的学习结果而付出的综合性的一切努力。显然,广义的课程突破了以课堂、教材和教师为中心的界限,使高校教育活动克服了以学科、智育为转移的唯理性模式的束缚,使学校教育在更广阔的范围内选择教学内容。

课程的分类,从不同的视角可以分为不同的类型。按课程的侧重点是放在认识的主体上还是客体上来构建课程,可将课程分为"学科课程"和"经验课程",前者将重点放在认识客体方面,即放在文化遗产和系统的客观知识的传授上;而后者则注重认识主体方面,即学习者的经验和自发需要。从学科是分科组织还是综合组织,即从分科型或综合型的观点来看,课程可以分为"并列学科课程"和"核心课程",并列型注重系统知识的传授,以一门学科为中心,而核心课程则以旨在解决社会生活问题的综合经验为中心内容,再辅之以边缘学科。

高校中的课程是指在高等学校指导下的和学生自我安排的学习、活动的总体计划和学习、活动本身及其过程中的非计划因素。课程体系是根据一定的专业人才培养目标,由相关学科知识及实践环节按一定比例及逻辑顺序排列组合而成的知识系统。课程体系反映一定的教育思想,决定专业人才的培养目标、规格、质量和水平,是教学改革中的重点和难点。随着我国经济社会的不断发展,高等教育大众化和国际化的特征越来越明显，这对高等学校培养的各级各类人才提出了更高的要求，高等学校正面临着越来越大的社会及高校之间的竞争压力。课程是直接影响人才培养质量的最活跃因素，课程建设的水平是教学质量和人才培养质量的重要标志，高校的课程建设也面临着新的更高要求。

二、高校课程体系的要素分析

课程体系按教育目标可分为德育课程、智育课程、体育课程、美育课程等；按照学科种类可分为自然学科课程、社会学科课程、思维学科课程、艺术学科课程等；按照学科功能可分为基础课程、专业课程等；按照学习要求可分为必修课程、选修课程等。各部分课程相互联系、彼此交叉，不能截然划分。

高等学校的课程体系要素主要反映在以下几个比例关系上：普通课程、专业课程和跨学科课程；理论性课程与实践性课程；必修课程与选修课程；隐性课程与显性课程等。这些比例关系从不同的侧面反映了课程体系的轮廓，也是研究、改革课程体系的主要线索。

（一）基础课程、专业课程与跨学科课程

基础课程是指高校某一专业教学计划中所规定的基础理论、基本知识与基本技能的课程，其作用是为培养学生掌握专业知识、学习科学技术、掌握发展规律的能力打下宽厚的理论基础。它又包括公共基础课程和专业基础课程，基础课程一般为必修课程。专业课程与基础课程相对，指围绕定向培养目标所修习的专业知识与专门技能的课程。全部专业课程构成专业理论与技术的体系，是专业教育计划的中心组成部分，是根据国家对某种专门人才的业务要求而设置的，旨在使学生掌握必要的专业知识和技能，了解本专业范围内最新的发展成就和趋势。跨学科课程则是建立在其他课程学习基础之上，以促进学生在高度专业化基础上的高度综合化，不至于使学生学习专业课程以后独守一隅，而能拓宽专业、横跨学科、融会贯通。

（二）理论课程与实践课程

理论课程侧重于对基本理论、原理、规律等理论知识的传授，多通过课堂教学来实现。理论课程具有抽象性特质，易于培养学生的抽象思维能力。实践课程，就是通过实验、实习等一系列实践环节的教学巩固学生所学的理论知识，使其能够利用理论知识来解决生产实际问题的相关课程。从实践课程的范围看，主要包括实验、实习、社会实践、课程设计、毕业设计（论文）科学研究等。实践课程侧重于对理论知识的验证、强化和拓展，具有较强的直观性和操作性，旨在培养、训练学生的动手能力和创新能力，也是当前教学改革需要着力加强的方面。

（三）必修课程与选修课程

科学技术的日新月异，不断向高校教学内容提出更新的要求，然而主要课程内容总要有一个相对稳定性，因此将课程分为必修与选修就可以解决这一矛盾。必修课程是指教学计划中学生必须学习的课程，必修课程保证了高校所要培养人才的基本规格和质量。选修课程主要指学生可以有选择地学习的课程，其目的是因材施教，发挥学生的专长和兴趣，有利于学生扩大知识面，拓展学生的专业面向。选修课程又可以分为限制选修课程和任意选修课程，当前教学改革的主要趋势是适当增加选修课程的比例。

（四）显性课程与隐性课程

显性课程就是在课程和教材中明确陈述的，并要在考试、测验中考核的教学内容和教育教学目标。教学计划中的各类学科课程、活动课程的性质、作用及其在人才培养中的地位、各自所占的比例等等，均属显性课程的研究范畴。隐性课程又称潜在课程，是指学校通过教育环境（包括物质的、文化的和社会关系结构的）有意或无意地传递给学生的非公开性教育经验（包括学术的和非学术的）。隐性课程的突出特点在于其隐蔽性，它不在教学计划中反映，不是通过正式的课程和教学来实施，而是通过诸如校貌、校舍建筑、设备、校园文化、教室布置、校风、校纪、校训及师生关系、同学关系等对学生的身心发展产生潜移默化的影响，从而促进或干扰教育目标的实现。

第二节 高校课程体系的结构

一、课程体系制定的原则

课程体系，又称"课程结构"。它是课程设置及其进程的总和，是教学计划的核心。课程体系包含了教学内容和进程、教学标准、教学途径等。世界各国关于课程编订和颁布的责任、权限和具体方法各不相同。因而各有不同的课程体系。

我国高等学校课程体系的制定，必须以辩证唯物主义、历史唯物主义、"三个面向"为指导思想，从社会发展和市场经济体制对人才的需求出发，制定各级各类高校的课程设置及其进程。课程体系制定的主要原则包括以下几点：

（1）符合社会主义的教育目的和各级各类学校的培养目标。

（2）适应现代社会生产、生活和科技发展的需要。

（3）适合大学生年龄段学生的身心发展的特点。

（4）符合高等教育教学规律。

（5）适合我国高校的办学具体情况和各级各类学校的实际及地区发展的不平衡状况。

二、课程体系结构

高等学校的课程体系结构，根据专业设置的不同，其课程有差异，但在结构和模式上有共同的规律。

根据科学知识发展与当今世界高等教育发展的动向，以及我国教育改革的深入发展，可以认为，将基础知识教育、专业基础知识教育、职业方向教育与跨学科教育多方面因素有机地组合成课程体系结构是我们高等教育知识观与课程观确定的一个方向。该体系的结构模式有两个方向内容：一是"层次构成"，即公共基础课、专业（技术）基础课、专业课、跨学科课程；二是"形式构成"，即必修课程，限定选修课程、任意选修课程。

"层次构成"是指围绕任何一个专业组织起来的课程内容，有一个时间上先后顺序的安排。所学的课程可分为四个层次。

一是公共课，主要有马克思主义理论课、思想政治教育课、外语课、体育课、军事训练课、大学语文、计算机文化基础和应用基础、劳动课等，是工科专业学生必修课的公共基础课程。这类课程有的虽然并不一定同专业有直接联系，但他们是学生日后学习专业课的基础，也是我国教育目标——培养德、智、体全面发展的专门人才必要的课程组成内容。

二是基础课和专业技术基础课，其任务是使学生掌握本专业所学的基本理论、基本技能，为学习专业知识、进行科学研究和发展学生智能打下扎实的基础。

三是专业课程，它是在专业基础课之上集中体现某一专业特点的中心组成部分，它具有一定的职业倾向性，通过专业理论、基本规律的教学和技能培养，使学生掌握专业的知识和技能。

四是跨学科课程，它的设置，有利于学生在高度专业化基础上的高度综合化，不至于使学生专业课程独守一隅，而能拓宽专业、横跨学科、融会贯通。

这种课程结构的层次安排体现了科学知识的"整体—分化—综合"原则，可以培养既有高深的专业知识又有宽广的基础知识的、适应性强的专门人才。

"形式构成"是指课程对某一专业的适应性和相关性而言的。其可以分为三个层次：

一是必修课课程，它是指学习某一专业的所有学生都必须学习的课程，它包括公共基础课、专业基础课程和部分专业课程。

二是限定选修课程，它代表该专业学生必须具备的知识和智能，一个专业有二个至三个系列，每系列有三门课程到五门课程，学生不一定全部修习，但必须选其中几门。

目前各院校的限定选修课大多是作为专业课程修习的一种方式,从而拓宽了专业的知识面。

第三种形式是任意选修课,是指学习某个专业的学生可以自由选择修习的课程;它的范围可以十分广泛,学生可以根据其志趣、需要、特长、爱好自由选择。

这类课程对学生的知识拓宽、修身涵养、完善个性有极重要的价值。

把"层次构成"和"形式构成"有机地结合起来,就能建立起高等工程院校的课程体系结构。

第三节 高校课程体系的发展趋势

一、高校课程体系建设的发展趋势

在高等教育社会化、市场化、大众化的背景下,高等教育区别于过去精英教育时代的一个突出的特征就是社会需求的多元化和多样性,决定了学校人才培养目标的多元化和多层次性。在传统的精英教育模式下,一定时期内,每一所高等院校人才培养的规格和模式都是相对单一和比较稳定的。这种相对单一、稳定的人才培养规格和模式,决定了我们在教育内容与方法上都客观地具有相对的规范性、统一性和连续性。然而,在高等教育大众化的背景下,每一所高等院校虽然也往往有着其特定的人才培养的领域或者方向,但总体来看,相对过去来说,人才培养的规格和模式都发生了十分明显的变化,即在人才培养的规格和模式上表现为一种复杂化、多样化的特征。具体来说,在目标上那就是坚持教育培养、造就全面发展的人,在方向上坚持人文素质教育,在课程建设上实现综合化、多样化和现代化的发展趋势。

(一)课程设置向综合化发展

现代科学技术在社会生活中的全方位渗透,导致了越来越多的综合性问题,如贫穷、环境、能源开发等,这些问题已经成为威胁人类生存和可持续发展的主要问题。当代这些重大社会问题的解决,某一个学科无法单独完成,需要多种学科协作进行。现代科技和生产的发展显示出对学科综合化越来越多的依赖,也就是说,现实问题的出现,促使高等学校的课程有必要向综合化方向发展。另外,随着各独立学科内部研究内容的不断深入和研究范围的不断拓展,不断有新兴学科衍生出来,特别是进入20世纪后半叶以后,新兴交叉学科和边缘学科出现的速度进一步加快。学科之间的联合或综合,反映到高等教育中是课程建设的综合化发展。课程综合化已经成为影响高等教育适应社会发展需要的一个关键问题。因此,高校课程建设要改变过去为某一专业方向服务的模式化倾向——课程设置上的"学科中心型",顺应科学知识综合化的趋势,增强课程的综合化程度。

(二)课程模式向多样化发展

上世纪90年代以来,我国的经济体制逐步从单一的计划经济模式转换到市场经济模式。市场经济是一种多元化、多层次、处于不断运动变化中的开放体系,"单一技术型"的人才已经难以适应市场经济体制的客观需要,大统一的课程模式无法适应市场经济的需要。根据不同类型人才的不同使用规格和要求,制订出不同的教学计划,使课程模式多样化,让学生有更多自主选择权和更多弹性发展空间,培养知识、能力与素质全面综合发展的"完整的人"成为社会对高校人才培养的主要期待。因此,使课程模式从单一走向多样化、从封闭走向开放,培养有较高的综合素养、有较强的适应能力的人才以满足社会对人才的需求,成为我国高等学校课程改革与建设一个十分重要的助力。

(三)课程内容向现代化发展

课程内容现代化是科学技术现代化在高校课程建设中的反映。信息社会与知识经济时代的到来,现代科技知识的更新周期日益缩短,要求高校培养的人才能适应社会飞速发展的要求,并具有解决复杂问题的综合能力和创新能力。而有了宽厚扎实的基础理论知识,就能较好地适应科技知识的更新和专业的转换。

高等教育每一个专业在课程设置上形成宽基础、多方向的专业课程结构,使专业的课程设置体现出专业理论比较扎实、专业知识宽而新的特点;同时在课程设置中,加入哲学、历史等人文课程和英语等工具课程,以培养具有良好素质和完善人格的人。这既是拓宽学生基础知识的需要,又是课程国际化方向发展的需要。另外,剔除课程中陈旧过时的具体事例和旧的范式,及时将科学发展的最新成果纳入课程,使学生及时了解学科发展的新成就、新观点、新问题和新动向,掌握世界有关新专业、新学科和相关学科的"脉搏"跳动状况。在课程内容中整合当今最新的信息和技术,以增强学生的应变能力和创新能力,成为高校课程建设的基本任务。

二、高校课程体系改革

课程体系的改革,要从人才培养目标、培养规格、培养方式出发,充分体现理论性、技术性,在保证专业基本理论和基本知识的同时,突出实践技能训练和素质培养的特点,使学生达到具有扎实的基础理论和专业知识、熟练的专业技能、较强的应变能力,围着知识、能力素质协调发展这条主线,对课程体系进行整体优化和改革。课程体系必须具有内容衔接紧密、交叉渗透、符合人才培养和教育客观规律的特征,并且在内容涵盖和组成形式上体现学科课程及其内容的系统性，建立各课程群（公共基础课程群、基础课程群、专业基础课程群等）。课程体系中的课程群由原有的课程、新设的课程与基本素质教育和专业课程密切关系的选修类课程构成。对专业课程进行分化、重组和新建。①课程分化——为适应高校学科高度综合又高度分化趋势，促进学科课程的分化。②课程重组——打破完全按学科设置课程的模式，在教学内容、理论知识和技能实践方面进行融合重组。③课程新建——根据德、智、体、美全面发展的方针，新建一批新兴学科课程和边缘学科课程。通过课程的调整、合并、重组、分化、新建，进行课程整体结构整体优化，加强课程间在逻辑和结构上的联系，更新课程的教学内容。

课程体系的改革还要强化系列课程建设。系列课程包括主干课程和分支课程，以主干课程适应学科的发展，以分支课程适应学科间的交叉，融合新兴学科和前沿学科。充分发挥优秀教师的作用，由他们参与开展各学科和相关课程的联系与合作，切实解决系列课程之间的内容重复、前后衔接和专业课的内容更新等问题。分支课程分散在整个教学过程中，有利于主干课程与分支课程间的相互渗透，形成主体交叉，有利于主干课程的发展和各课程的相互贯通。

第五章　高校教育教学管理理念与方法

第一节　高校教育课程管理理念与方法

一、高校教育课程管理的理念

（一）注重提高人才培养质量

高校应树立先进的理念，引领高校人才培养，把提高人才培养质量放到首位，坚持质量至上、内涵发展的质量观，围绕"培养具有实践能力、创新能力和动手能力的高素质应用型人才"的培养目标，以提升课程教学质量为基准，建立课程教学质量监控体系，健全课程教学评价机制，使人才培养过程更加规范化和科学化，以此保障人才培养质量。

第一，学校应将"培养具有较强的创新意识，良好的人文、科学素质以及较强的独立学习能力的人才"作为培养目标，转变传统的课程教学方式，探索新的课程教学方式。在课程教学过程中，打破机械式、被动式的"传授—接受"传统教学方式，采取课程研讨式、案例分析式的"问题—发现"创新型教学方式，激发学生学习的创造力，培养学生的思维能力。

第二，学校应以强化学生的实践能力和创新能力作为培养目标，进行课程实践教学。如通过创建实践教学的良好环境，完善实践环节的教学体系，鼓励学生参加各种实践活动，提高学生的实际操作能力。另外，通过构建专业课程与通识课程相结合、课内与课外相结合、人文素质与科学素质相互渗透的教学体系，使课程体系趋于综合化和多元化，从而为学生提供多样化选择，促进学生个性化发展及创新能力的提升，保证创新人才培养目标的达成。

（二）注重以学生发展为本

高校课程管理是"以学生发展为本"的实践活动。其中学生既是课程作用的客体，也是课程建设的主体，理应在课程管理过程中扮演重要角色。而课程教学实践活动需要制度加以规范，以此实现学生发展。因此以学生发展为本既是课程管理制度的出发点，也是课程管理制度的归宿点。尊重学生的个性化需求，创建以学生发展为本的课程教学体制，把以学生发展为本的理念融入课程管理全过程，创建为学生服务的有效机制。

（三）注重实现多元主体的利益诉求

就实践方面而言，课程不仅是高等教育活动的核心，也是高校课程教学的基本单元，直接影响人才培养质量。随着高等教育的大众化发展，人才培养质量问题引起了教育界及社会人士的广泛关注，并期望通过课程管理制度改革提升人才培养质量。课程管理制度改革是否有效将会决定人才培养目标的实现程度，进一步影响多元主体的利益诉求。

二、高校教育课程管理研究的现状

（一）高校教育课程管理的研究历程

早在 1925 年，美国学者 J.K.Flanders 便提出了课程控制这一理论，并通过对学校教育情况的研究和分析进行实证，这便是高等教育课程管理研究的起源。通过 Flanders 的研究，人们对该理论的探讨越来越多，也越来越深刻。

20 世纪 80 年代初期，P.Hallinger 和 J.Murphy 等人对教学领导提出问题，在当时教育界中引起了相当大的关注和讨论，与此同时，课程管理课程领导的研究逐渐增多。20 世纪 80 年代后期，中国学者廖哲勋等人也在著作中提到了课程管理方面的问题，对课程管理进行了一定程度上的探讨。而一直到 1994 年，"课程管理"这个词才正式地被大众认可，作为一个被共同接受的名词来使用。

（二）高校教育课程管理研究的内容

1. 高校教育课程管理的研究课题

对于高校教育课程管理研究来说，尚处于起步阶段，因此明确课程管理领域中需要分析、研究和探讨的问题就相当重要。钟启泉表示，课程管理工作的内容主要有以下几个方面，分别是：课程标准、课程编制、课程实施、整顿课程实施条件、课程评价。也有学者认为对于当前的高校教育课程管理来说，最需要马上解决的问题是关于课程管理基本体制的研究、课程设计的管理、课程实施的管理和课程评价的管理这几个方面。

在高校教育课程管理上需要做好建立较为健全的课程管理体制，并按照可控系统建立课程管理模式、建立健全课程管理制度。海后宗臣曾认为在课程经营上需要加强对学科的经营，在道德科的管理上需要对基本观点、年度教学计划、教案、资料等方面进行管理，在课外活动上需要将课外活动和例行活动相结合。他还表示，课程管理的理论框架可以从课程的标准与编制，学校的教育计划与课程编制，教授、学习的系统化；设施、设备、教材、教具的管理，课外教育与课程，教育决策与评价这些方面入手。

总的来说，我们可以发现，课程管理研究是以课程管理体制、过程与技术等方面为主要关注点进行分析和研究的。

2. 高校教育课程管理体制研究

在我国研究得比较多的是课程管理体制类型这一方面，学者们针对这个方面，根据每个类型的特点划分出了四种模式，分别为统一计划型、分散管理型、板块型和蛋糕型，并对这四种模式进行分析和比较，再结合我国现实具体国情和我国高校教育现状，认为将统一计划型与分散管理型这两种相互结合是较为适合我国课程管理体制发展的方式。由于我国的具体国情，在进行高校管理体制改革时，需要循序渐进。第一，不能将高校教育课程管理权过于集中，应适当地分散；第二，将并行和渐进两条策略共同实施，以保证课程管理体制能够有一个较为顺利的过渡；第三，将目光放在另外两种模式上，将能够有效运用在我国高校教育课程管理的方法吸取进来，使得高校教育课程管理体制更加合理与科学。

3. 高校教育课程管理过程研究

课程运行的管理一般来说包括了组织力量，具体指的是通过对课程环境进行调查研究后，合理规划与决策。其主要贯穿在课程教学的始终，从课程的准备阶段、课程的实施阶段到课程的评价阶段都一直在进行，这样方便有针对性地优化高校教育课程管理模式和效果。

4. 高校教育课程管理研究状态

虽然我国有相应的法规文件对学校课程管理进行一定的指导和明确，例如《高等教育法》《中共中央关于教育体制改革的决定》等，学术界和市面上也存在着《大学教学论》《高校教学管理》等著作，但对于高校教育课程管理的研究大多只是涉及了一部分内容，而非进行系统的阐释，都以教学管理为主。

高质量的人才培养和产出，是高等学校课程管理的重点和目的，但就高校课程整体运行情况而言，还是存在着偏离这一目的的情况。如果以管理者的眼光来看待高校课程管理的话，会发现现在大多数高校将重点都放在学生应该学习何种知识上，而忽视了学生在学习这种知识的时候效率是否足够高，或者学习的知识量是否合适，偏多还是偏少。这就暴露了高校课程管理存在的弊端，提醒了管理者不仅要关注学生学什么，还需要关注学生在学习这些知识时的成效如何，是否能够在实际生活中将这些知识运用得心应手。

通常来说，课程管理研究中以高校教育课程管理体制的研究为核心，这是因为如果要对课程管理制进行研究，不可避免地要涉及研究课程管理机构设置、权力归属、人员配备这三个方面，同时也要研究各个机构怎么实现对课程实施的调控、如何实现课程实施的调控、以何种规章制度去达到国家在高校教育中想要达到的目的。因此，当我们在进行课程管理体制的研究时可以为课程管理给予一个较为完整的框架。课程管理体制被认为是课程管理机构和管理规范的有机统一，在高校课程管理这个范围内包括了课程的行政体制以及内部管理体制。我们知道，高校教育课程管理一般来说本质上是静态的，以课程管理机制来影响具体课程管理活动的进行。课程管理机制指的是课程管理的各级机构、人员与课程的关系和运转方式。协调各部分之间的关系与管理课程的方式是高校课程管理体制必然包括的两部分，这都属于机制的范畴。所以笔者在讨论高校课程管理体制时会将高校课程管理活动也算在其中，以达到更加全面的目的。

三、高校教育课程管理体制的改革与构建

（一）政府"计划管理"时期的课程管理制度

1949年之前，我国高校在课程管理制度上基本实行"欧美式"的管理制度。1949年以后，为了适应社会发展的需要，我国开始全面学习苏联教育模式，在课程管理方面逐渐形成了政府"计划管理"的课程管理制度体系。

1. "计划管理"时期的课程管理政策

（1）实行统一的教学计划和教学大纲

1949年以后，依据《共同纲领》，统一设置公共必修课程，如马列主义课程等，其他课程也随之得到改造。1950年，政府进行了全国性的课程管理制度改革，拟定了课程草案，并统一规定了高校各院系的公共必修课程和其他课程的教学计划和实施原则。同时颁布的《高校暂行规程》，要求专门学院和高校的各系课程，需根据国家建设的需要而制定，并且将各课程的教学大纲和教学计划上报教育部备案。1953年教育部开始制订统一教学计划，教学计划既是人才培养目标的具体体现，也是学校进行教学实施的基本纲领。

从1954年起，政府要求高校课程教学按照政府制定的统一教学大纲执行，同时要求高校进行统一教学计划并使用统一指定的教材，表现出高校课程管理政策统一硬性的特征。1957年颁布的《关于改变制定教学计划和教学大纲办法的通知》，指出学校必须依据教育部门的规定制订专业教学计划。为了使人才培养需求与当时的高等教育相适应，决定将统一教学计划改为参考性文件。同时在《高校六十条》中也指出，学校必须按照政府已制订的教学计划和已批准的教学方案进行教学工作，学科体系或课程如有重大改动也必须经由教育部的批准才能实施。尽管之后教学大纲和教学计划成了指导性文件，但是仍表现出强制性与统一性的特征。

（2）培养"专门人才"的课程价值定位

1952年，高校进行了院系调整，调整的目的是高校人才培养能适应中国经济建设。

同时在思想观念方面对"通识人才"加以"批判"。1950年颁布的《关于实施高校课程改革的决定》(以下简称《决定》),《决定》指出高校是专门人才培养的主要教学单位,因此各系课程要与国家的政治、经济及文化建设的需要密切配合,实行专门化的教学,培养专门人才。1951年颁布的《关于改革学制的决定》规定,高校学生应在既全面又普通的文化知识教育的基础上,接受学校的高级专门教育。第一个"五年计划"制定后,进一步明确了高校人才培养目标的价值定位,即培养专门人才。1956年,教育部颁布了《中华人民共和国高等学校章程草案》,其明确指出高校的基本任务就是培养适合当时社会经济发展的"高级专门人才",这是中华人民共和国成立后第一个规定高校以培养"专门人才"为目标的法规性文件。与此同时,为了加强专门人才培养,高校在专业设置上实施统一的教学计划,以此使每门课程都有自己的目的,并加强课程彼此之间的联系,服从统一培养目标,保障专门人才培养。此后,培养专门人才的课程价值定位得到了落实和贯彻。

(3)苏联模式的思想政治课程设置与发展

中华人民共和国成立初期,为了加强思想政治教育,政府提出向苏联学习,并仿效苏联设立一些政治培训班和政治学校,大力开设诸如毛泽东思想以及马列主义理论思想政治课程,要求高校学生必须学习,从而加强学生思想教育。1949年10月颁布的《各大学专科学校文法学院各系课程暂行规定》,把新民主主义课程作为学院的公共必修课,同时要求在改造其他课程的同时,各院系应增加设置马列主义课程。

从1953年起,按照苏联制定的教学大纲,我国高校开始进行思想政治课程设置。1954年,两年制的医、农、工等专修科要求设置"社会主义经济建设"课程,目的是通过学习社会主义经济建设,使学生在系统地了解苏联社会主义经济建设基本规律的基础上,进一步了解我国在过渡时期的总任务,最终提高学生的社会主义思想觉悟。1964年1月,中国共产党中央委员会宣传部联合教育部颁布了《关于改进高等学校、中等学校政治理论课的意见》,其中凸显政治理论课程的政治功能,对其明确规定了任务,并指出要以毛泽东思想为主要指针开设政治理论课程。1976年以后,我国进入新的历史转折期,从而为思想政治课程发展开启了一个新篇章。

2. "计划管理"时期的课程管理体制机制

(1)政府主导的课程管理体制

计划经济时期,高校课程管理活动是在计划体制的环境下运行的,高校课程管理权力集中于政府部门,政府成为课程管理的主体,掌控课程管理权,通过行政管理手段和指令性控制计划对高校的专业目录进行设置和颁布,并统一制订课程计划、编制教学大纲。而高校仅是执行政府指令的附属机构,在拥有专业设置权力之后,必须以专业为单位获取政府提供的课程资源,并严格遵照政府的规定和命令执行,形成了以政府主导式的课程管理体制，这也成了政府直接干预高校课程管理的合法保障和依据。在这样的管理体制下，政府的课程管理职能体现为：一是由政府部门依据国家发展需求，提出高校人才培养目标，并针对人才培养做出课程资源规划；二是全国高校本科专业目录由政府部门制定，并统一规定课程实施要求和专业课程设置；三是高校需依据国家颁布的专业目录进行专业设置，并遵照国家统一制订的教学计划、教学大纲以及课程实施方案进行人才培养。

（2）计划控制的课程管理运行机制

在计划经济体制模式下，课程管理运行机制是以政府一元主体为中心的管理制度，而其他利益主体如高校、学生、教师及用人单位与政府之间是一种支配和命令关系。在课程管理上，政府要求高校根据其下达的计划和任务进行课程管理，并要求用人单位依据其指令性计划运行。与此同时，政府实行垂直式的管理运行机制，导致高校没有课程管理权，用人单位也没有参与权和选择人才的权利，学生也不能根据自己的爱好选择课程。对于高校而言，课程管理权掌控于教育行政管理部门手中，而不是归属于教师或者学术部门，行政部门会对全校的课程管理事务进行决策和规划。高校仅按照政府对课程管理的规定和指令执行即可，其课程教学也是围绕国家制定的计划进一步在学校实施，以保证课程管理顺利进行。

（3）高校内部"科层式"的课程管理模式

随着高校确立校长负责任制的领导体系，高校内部课程管理组织体系也凸显出"科层式"的管理模式，课程管理权集中于高校行政管理部门，由其对全校的课程管理事务进行决策和规划。院系仅仅是执行员，缺少必要的课程管理权，无论是在课程建设方面还是教学规划方面，几乎没有发言权。高等院校调整基本完成后，系下设立专业，其成为高校基层的教学单位。在苏联体制的影响下，高校课程管理制度形成了刚硬的制度体系，凸显出教学计划和教学大纲仍然整齐划一，教师和学生被束缚在系的编制里，他们组织教学活动也要以系指令加以实施，从而造成各系为首的专业壁垒，把教师和学生"编入"行政化的课程管理组织内部，一定程度上限制了教师参与课程实施的积极性和学生学习的主动性。

（二）高等教育管理体制过渡时期的课程管理制度

1978年党的十一届三中全会之后，我国高等教育进入一个崭新的历史发展阶段，对高层次人才提出了更高要求，高校面临新的挑战，课程管理制度改革随之不断"升温"。

1. 过渡时期的课程管理政策

（1）专业设置和专业目录制度的调整与修订

第一，课程与专业设置制度的调整和变革。1976年以后，为了使专业设置适应社会发展和人才培养的需求，教育部颁布专业设置的相关政策，在总结历史经验的基础上，重点强调对专业、课程设置制度的重新调整。1978年4月颁布的《关于做好高校专业设置与改造工作的意见》中要求专门成立高校专业调整与设置的办公室机构，对专业设置加以集中管理，并就新时期专业设置与调整提出了一些原则。1978年9月，教育部发布《高校文科教学工作座谈会纪要》，其主要针对调整文科专业提出了意见，要求文科按照学科设置专业与课程，适当放宽专业口径，已被撤销的专业与课程可在条件允许下进行恢复，同时可以增设一些急需专业和重点专业。1979年6月颁布了《教育部属综合大学理科专业设置调整方案》（以下简称《方案》），《方案》针对理科专业设置提出了一些要求和原则，即理科专业要在原有设置的基础上进行适当调整，克服某些专业缺点，归并一些基础理论知识基本相同的专业，增设一些急需的新专业，同时独立一些较强的专业，以适应四个现代化需要。

第二，本科专业目录制度的修订和调整。在计划经济相当长时期内，政府过度强调专业与课程设置制度的恢复，而对课程与专业设置的规范与管理有所忽略，导致专业数目庞大、专业设置盲目以及专业口径狭窄等问题，不利于学生能力的培养以及知识面的拓宽。鉴于此，在1982年，教育部再次修订了工科专业目录，以此解决专业划分过细等问题，并从1987年起，教育部陆续颁布了《普通高校理科本科专业目录》《高校工科本科专业目录》《普通高校社会科学本科专业目录》等七个政策，对医药、农林等各科专业目录进行了有步骤的调整和修订，从而完成了理科、医药及社会科学等本科专业目录的调整与修订。为了形成较为统一规范的专业目录，以此更好地适应社会经济发展的需求，教育部于1990年7月又颁发了《普通高校本科专业设置清理审核结果》对高校专科专业加以调整与清理，经过调整后，高校的专业种数明显有减少，进一步解决了专业设置上存在的设置盲目、数量膨胀等问题。

（2）建立并完善课程教学工作管理制度

第一，建立高校实验室教学工作制度。高校的实验室是高校进行科学研究以及课程实践的主要场所。它是衡量高校办学质量的基本条件之一，具体反映在高校课程教学水平、科研水平以及管理水平上。因而，高校实验室教学工作制度是高校课程管理制度建设的重要组成部分。

1983年，教育部颁布了《高校实验室工作暂行条例》，其中包括建设与管理、机构与体制等内容，这一个条例的实施，对高校重视课程实践教学的管理和制度建设，起到十分有力的促进作用。

第二，建立课程教学成果奖励制度。课程教学成果奖励制度也属于教学管理基本制度。政府部门制定的《教学成果奖励条例》（以下简称《条例》），目的是通过奖励鼓励获得课程教学成果的教育工作者，促进课程教学水平的提升。《条例》规定了教学成果奖分为省部级和国家级两类。其中省部级的课程教学奖的评奖工作，主要由省、自治区和直辖市参照此条例规定执行；国家级的课程教学奖的评奖工作，则主要由国家教育委员会负责。《条例》的发布和实施，体现了我国高校课程教学成果奖励制度是经由国家确立，凸显课程教学成果奖励制度的重要性。

（3）思想政治课程的改革与建设

第一，改革思想政治课程的教学内容。如对马克思主义原理和中国革命史两门课程的教学内容进行改革，其中将马克思主义原理课程分解为当代资本主义、马克思主义哲学等几个部分。为了进一步加强学生的思想政治教育，还开设了哲学、法律基础以及人生哲理等课程。

第二，加大了思想政治课程的教学时数。按照规定，学校每期都要开设《形势与政策》课程，并且此课程所占的教学时数比例最大；同时，大学一年级、大学二年级、大学三年级以及大学四年级设置的思想政治课程有所不同，分别开设的是《大学生思想修养》《人生哲理》《职业道德》以及《法律基础》，而这四门课程各占教学时数并不多。学校在制订教学计划时把思想政治教育列入其中。可见，高校思想政治课程已编入教学计划中，并作为学生主要学习的教学内容，以此引导学生树立正确的价值观，同时加强我国课程管理政策正确的意识形态。

2. 过渡时期的课程管理体制机制

（1）从一元主体到多元主体参与课程管理过渡

随着高等教育体制的改革，以政府为一元主体的课程管理体制已不能适应社会经济的发展，要求课程管理主体应从一元向多元转变，因此政府统一管理的局面被打破。1985年颁布的《中共中央关于教育体制改革的决定》，其中指出高校有权制定教学大纲和教学计划，并要求其按照政府规定调整专业的服务方向。从20世纪90年代中期起，国家除对直属高校少数专业设置进行直接审批之外，已不再直接审批专业。高校可以根据自身的发展、办学条件，以及社会发展的需求，自主对专业进行调整与设置。可见政府权力开始下放，高校逐渐拥有办学自主权，在课程管理中的地位和作用有所改变，它可以根据自身办学特色和人才培养的需求参与高校课程管理，成为课程管理必不可少的主体。

伴随着高校逐渐拥有自主办学权，高校与外界之间的"隔离墙"被打破，高校可以面向社会开放办学，社会也作为利益主体通过各种方式与途径参与高校课程管理活动。加之高校办学成本分担制度的形成，高校办学资源逐渐从政府拨款转向自筹资金，高校开始依靠于社会资源供给，从而进一步增强了社会对高校资源掌控的能力，他们可以依据自身所拥有的优势资源要求对高校课程管理有更多的参与权和发言权，因此社会力量也成了与课程密不可分的利益主体。可见，课程管理制度改革打破了以政府为一元主体的管理体制，形成了"多元"主体参与课程管理的新格局。

（2）从微观控制向宏观管理的课程管理体制过渡

1976年之后，面临新的经济形势，政府于1979年8月恢复了"中共中央统一领导"体制，课程管理制度也恢复了计划经济时期的"中央集权"的管理体制。从1978年起，教育部就对文、理、农、工、林等本科专业的教学计划和教学大纲进行全国统一修订，并依据国家发展需求，针对人才培养对每个专业做出了课程资源规划，提出高校人才培养目标，并把其作为高校课程管理的主要依据，同时重新修订了直属高等工业学校的本科教学计划，并明确规定了基础课程、公共课程、技术基础课程以及专业课程的总学时数，凸显出政府对高校课程管理的微观控制。

但随着社会经济的转型，我国高等教育体制改革也与经济转型同步。政府开始反思传统课程管理制度，并在注重协调制度建设的计划性和灵活性的关系基础上，改革高校课程管理方式，体现出由微观控制向宏观管理转变的局势；一方面，在体制层面，逐渐转变政府教育管理职能，即运用政策规划与指导、信息服务、拨款及立法等宏观措施取代直接管理学校的控制方式，以此减少政府的微观干涉；另一方面，在监督层面，加强政府对高校课程的评估与监督，减少对高校课程的微观干预。如重视课程质量监督与调查，不分时段地发布一些有关课程的评估与调查报告，同时建立高校教材选用机制，进一步落实高校的主体地位。可见，政府的工作重心开始放在立法监督、教学质量评估、政策文本制定等方面，对高校课程管理也从微观控制逐步转变为通过立法、政策、经济等手段对课程管理进行宏观调控。

（3）高校内部课程管理运行机制的转变

20世纪80年代，是我国高校教学秩序恢复时期，同样也是高校内部组织制度全面改革与调整时期。多所高校进行了教学组织调整，开始实行校、院制，即由校、系、教研室管理建制转向校、院两级教学组织与教学行政机构，而系仍旧存在于高校，但仅作为高校基层教学组织。校、院建制不仅实现课程管理权力重心下移，而且可以有效整合高校内部课程管理资源，促进课程发展。1978年，教育部颁布的《教育部直属高校自然科学研究工作暂行简则》指出，高校所设立的教研室，是在教研室的领导和管理下进行教学和科研工作，教师在课程管理中的地位有所上升。1985年的《中共中央关于教育体制改革的决定》颁布，高校的基层组织开始进行改革，一些高校着手实行学院制，改善了学院地位以及教师教学的环境。但是，由于受到传统管理体制影响，教师"教"的自由仍在一定程度上受到局限，阻碍了教师教学作用的发挥。在高校课程管理中，教师仍然被看作被管理者，处于被管制、被动的地位，不能擅自改动教学内容和教学进度。

（三）高校办学自主权逐渐回归时期的课程管理制度

1992年召开的中共十四大进一步建立了与市场经济发展相适应的高等教育体制，高校以调整学科和院系为契机，加强社会与高校之间的联系，在有效整合教育资源的同时，也将专业和学科水平抬上一个新台阶，高校自主办学地位也逐渐得到落实。1998

年《中华人民共和国高等教育法》的颁布，标志着高等教育真正转化了政策范式，即高度集权式课程管理体制发生了实质性改革，高校办学自主权逐渐回归并扩大。

1. 自主权逐渐回归时期的课程管理政策

（1）专业设置和专业目录的调整与修订的加强

到了20世纪90年代中期后，我国高校专业设置和专业目录的调整和修订工作仍在继续加强。1993年，教育部颁布了《高校本科专业设置目录》，此目录分科设置了教育学、工学、历史学等十大门类，其中包括71个二级类。与之前的专业目录相比，很明显有了质的飞跃，但仍存在专业范围狭窄、专业划分过细、专业设置重复等问题。针对这些问题，教育部于1997年和1998年陆续颁布了《关于进行普遍高校本科专业目录修订工作的通知》以及新的《普通高校专业目录》，其主要是对1993年专业设置目录加以进一步的调整与修订，即在原来的十大门类学科的基础上又增加了管理学，加大专业目录的力度，达到拓宽专业口径的目标，从根本上改变了高校专业设置狭窄的弊端，同时还归并了一些专业，把500多种专业减少将近一半，使专业数量得到有效控制。1999年，教育部又颁布了关于《高校本科专业设置规定（1999年颁布）》，主要对高校专业设置权限、设置监督与检查、设置程序等方面做了具体规定。由此可知，我国在20世纪90年代末期进一步加强了专业设置制度的建设。

（2）高校课程管理价值取向的转变

长期以来，我国高校课程管理政策一直以社会价值为本位，十分强调课程管理政策要与社会经济发展的需要相适应，凸显出以社会为中心的一种价值取向。

1992年的《全国教育事业十年规划和"八五"计划要点》中强调教育要为社会主义现代化服务，全国高校必须全面并认真贯彻。1993年2月颁布的《中国教育改革和发展纲要》中也指出，高校要培养适应社会经济、科技发展所需的专门人才。可见，高校课程管理政策所规定的人才培养目标以满足社会发展的需求为主要价值诉求。

随着我国经济体制的转型，高校课程管理理念也开始转变。伴随着素质教育的发展，高校课程管理政策开始越来越关注学生的自主化和个性化发展，并以培养学生实践能力和创新能力作为高校课程管理政策的价值标杆。2001年实施的"新世纪教改工程"中明确提出，人才培养模式应深化改革，同时也要加强教学方法和课程教材的配套改革，在专业教育中融入素质教育，使学生能很快适应社会实践工作和科学研究活动，促进学生综合素质的提升。2004年颁布了《关于进一步加强高校本科教学工作的若干意见》，意见中强调本科教学工作应以人的全面发展和国家发展需求为中心，强化教学管理，加大教学投入，并将能力培养与传授知识相协调，以此提高学生的创新能力和学习能力。可见，随着社会发展的不断深入，我国高校课程管理政策的价值取向发生了改变，开始更加注重素质教育和学生的个性化发展，充分体现了"以人为本"的价值观。

（3）精品课程建设保障机制的确立

2003年教育部启动了精品课程建设，并出台了相关的课程评价政策，对精品课程的评价主体、评价内容以及评价手段等实施程序做了详细的规定，以此通过课程评价活动促进课程建设，进一步提高课程质量。教育部为了全面推广国家精品课程，于2007年2月还颁布了一些相关政策，鼓励高校之间建立跨校选修课机制，实现高校间的优势资源互补和共享，促进精品课程建设。由于精品课程建设无论是从课程开发的前期准备阶段，还是精品课程资源内容发布和更新的后期阶段，每一个环节都需要大量资金的投入和支持，并且精品课程建设主要基于制度、政策以及经费的保障与支撑，因此经费的支持对精品课程建设起到十分关键的作用。

目前，国家精品课程得到了教育部的经费支持，其中包括维护升级费和建设补助费，在一定程度上促进课程建设，保障课程发展。但这仅是五年有效期内精品课程建设的管理政策，一旦有效期过后这些费用就没有了相应的政策规定。从2003年首次对国家精品课程评审以来，精品课程项目数量就呈现逐渐递升的趋势，而对于这些项目，教育部规定，国家应给予一定的补助经费，同时可以与企业进行合作，探索校企合作的精品课程模式，拓宽资金来源，如教育部与微软亚洲研究院合作，共同实施"教育部—微软精品课程"的建设项目，创建多元化渠道资金分担机制，为精品课程建设提供经费支持。在"十一五"期间，政府拨25个亿专项基金支持质量工程项目的建设。2007年12月，财政部和教育部还制定了《高校本科教学质量和教学改革工程专项资金管理办法》，其专项资金主要用于课程建设，以此保障高校课程建设的可持续发展。

2. 自主权逐渐回归时期的课程管理体制机制

（1）政府宏观化课程管理方式

随着市场经济体制的确立，高度集权化的课程管理体制已不再适应社会经济的发展。政府加大了放权力度，高校办学自主权逐渐回归，政府对高校课程管理方式也开始进行改革，即由对高校课程管理的微观控制逐步向宏观管理方式转变。1994年政府颁布的《国务院关于〈中国教育改革和发展纲要〉的实施意见》提出，高等教育要逐渐改革"条块分割"的高校办学模式和管理体制，把重心放到通过政策导向促进多种形式的联合办学上，以此对不合理、不科学的课程设置进行调整，并通过校际合作，实现学科优势互补，提高课程教学质量。自颁布《中华人民共和国高等教育法》后，教育部就没再颁布约束高校自主办学的政策文件，进一步明确了高校的权力和地位，政府对高校课程管理方式变得更加宏观。

2002年，政府制定了《普通高校本科教学工作水平评估方案（试行）》。通过教学水平的实践评估，加强了对高校教学工作的宏观管理，进一步规范课程体系建设。2006年12月，财政部和教育部联合启动"质量工程"，此工程的实施主要是政府通过项目资助的形式对高校课程进行宏观管理，在一定程度对高校课程管理制度改革起到了推动与导向作用，有利于整合教育资源，优化课程结构，进一步提升课程质量。

（2）高校自主化课程管理运行机制

伴随着我国社会市场经济体制的建立与发展，政府开始简政放权，逐步从"划桨"者转变为"掌舵"者，高校的办学自主权开始回归。在1992年召开的高等教育会议上决定下放专业设置审批权，高校可以自主设置本科专业目录以内的专业。重点高校可以在相近学科范围之内和本校专业数之内自主调整专业，并由国家教委和高校主管部门备案，而其他高校设置本科专业目录外的专业需高校主管部门组织讨论后，审批报国家教委备案。《中华人民共和国高等教育法》明确指出高校可以在目录内自主设置专业，也可以在目录外设置专业。

2001年，国家授予七所重点高校专业设置权，其中清华大学和北京大学等七所高校成了自主设置专业的首批高校。教育部还进一步明确指出，高校可以依据规定，在已制定的本科专业目录外自主设置适合社会经济发展所需的专业，以此表明政府放开了对高校专业设置的权限。同时，教学大纲和教学计划制定的权限也开始有所下放。《中华人民共和国高等教育法》条例中也明确指出，高校可以根据教学需要，自主编制教材、制订教学计划以及组织教学活动等。可见，高校课程管理权已从政府部门下放到了高校，形成了政府宏观管理、高校自主决策的高校自主化课程管理运行机制。

（3）高校内部课程管理组织机制创新

从20世纪90年代中期起，高校课程管理模式就开始从垂直式的自上而下型向自下而上型的自主管理制度创新模式转变。随着高校办学自主权的逐渐回归，高校课程管理活动开始根据自身的特点运行，从而慢慢脱离政府的管理和控制。为了高高校整体的管理水平，高校内部基层组织开始受到重视，并被赋予一定的权力和职责，体现出高校内部课程管理机制创新的特征。

学院制重新建立，扩大了院系的权力，同时教师和学生的课程管理权也随之扩大。高校开始建立由教师参与的教授会、课程管理委员会等机构，促进教师参与的课程管理机制的形成。为了使教师积极参与课程管理，并发挥作用，高校进行了积极的探索，如建立绩效考核制度、课程教学质量酬金等机制。此外，为了适应市场经济发展，从20世纪90年代起，学分制又开始在高校试行，再次掀起了学分制的热潮。到1996年年底，学分制实行的高校将近有三分之一，学分制逐渐深入高校课程管理体制中。截至目前，学分制已经成为我国高校课程管理体制中的主流。

四、高校教育课程管理方法

（一）健全政府对高校课程的宏观管理机制

1. 完善政府课程管理与评估机制

（1）转变高校课程评估管理体制

课程评估是高校课程管理系统中最基本的内容，是提高课程教学水平与课程建设的重要手段。当前，十分强调课程评估的客观性、真实性、全面性以及准确性，因此需多元主体共同参与课程评估，转变高校课程评估管理体制，即转变以政府为主体的单一课程评估管理体制，实现多元主体的共同参与。

（2）创建课程分类评估的管理机制

为了使评估标准更加清晰化，各类高校可以依据学科性质的特点，对评估单位加以进一步划分，并根据不同的课程分类标准实行分类评估。但无论采取何种类型，分类评估机制的建立有利于高校课程发展已成为不争的事实。

（3）建立官办评分离的课程评估管理体制

高校不仅是办学主体，也是课程评估主体，落实高校自我评估是高校拥有办学自主权的根本体现。从评估者角度来讲，面临教育环境的多变性、复杂性，高校课程评估除了包括学生评估、专家评估以及校内评估外，还包括社会人士评估。通过建立官办评分离的评估体制既有助于政府管理职能转变的实现，也能鼓励社会力量参与课程管理，满足社会对人才培养的需求。

2. 转变政府课程管理行为与方式

（1）转变政府的行为，促进高校课程管理民主化

政府应加大放权力度，赋予高校足够的课程管理权，并为其他利益相关者提供参与课程管理的多样化渠道，使不同利益主体表达自己的课程意志，实现高校课程管理制度的公平化和民主化。

（2）调整政府管理的内容和手段

第一，调整管理的内容。在课程内容管理权限上，政府应减少对高校课程内容的微观干预，适当加大对课程的宏观调控力度，让高校可以依据自身的条件和发展需求自主调整专业设置，进行课程建设。与此同时，政府应加强课程质量调查和教学质量评估，不定时地发布一些相关的课程评估报告，不断规范课程管理建设，使其走向优质化；同时建立教材选用机制，并落实学校在机制中的主体地位，进一步地促进高校教材市场的成长与完善。

第二，改革管理手段。高校课程管理手段应从根本上改革，即改变对高校课程单一

控制的管理方式，综合利用政策规划与指导、信息服务立法以及拨款等宏观的行政措施，以此减少政府的微观干预。

第三，增强财政支持。政府需要增加对课程建设与资源共享、人才培养模式改革以及专业认证与结构调整等项目的投入。此外，还资助大学生自主开展创新性试验、教师开展对口支援交流、建设人才培养创新实验区等。由此充分体现出政府希望通过财政投入，对高校教学改革起到辐射作用，激励高校在课程建设方面能发挥其自身优势，保障高校课程管理制度改革。

（二）完善高校内部课程管理权力制衡机制

高校的最终目标应是实现所有主体的利益整体最大化，而不仅是使少部分主体的利益得以最大化，否则将会顾此失彼。目前，高校课程管理制度改革的关键是要完善高校内部课程管理权力制衡机制，保障院系教师及学生的课程管理权的实现。

1. 保障院系课程管理权的实现机制

院系是高校教学的实体组织，它对所属专业、学科的实际情况最熟悉，就课程设置、课程实施等微观管理也最具发言权。为了保证高校课程管理的有效性，高校应走出微观管理的误区，完善院系机构设置，赋予院系课程管理权，调动院系工作的主动性。

2. 建立教师参与课程管理的激励机制

教师是课程的实施者，课程内容的选择与组织、课程实施与评价都离不开教师，教师与课程的关系十分密切。教师参与课程管理的积极程度会直接影响课程教学的效果，进一步会影响人才培养质量。因此，应建立教师参与课程管理的激励机制，提高教师参与课程管理的积极性。

3. 构建学生课程管理权的实现机制

就当前的教育制度而言，高校学生仅被当作实现教育目的的"工具"，使学生在课程管理中处于被动的或不利的地位，无法让学生受益。因此，需构建学生课程管理权的实现机制，赋予学生一定的课程管理权，保障学生权利的实现。

（三）健全社会力量参与课程管理制度

政府、高校、教师、学生、社会力量都是大学利益相关者，理应参与高校课程管理。从某种意义上说，任何一类利益主体缺失，都会对高校课程管理成效造成影响。目前，社会力量在高校课程管理中被视为边缘群体，无法实现其自身的利益。因此，需健全社会力量参与教育课程管理制度，实现社会力量参与的权力及其作用的发挥。

1. 增强社会力量参与高校课程管理意识

从利益相关者角度出发，社会力量也是高校课程管理主体。既然是课程管理主体，就应自觉地对自身在课程管理中拥有的权力和地位有清晰的理解和充分的认识。目前来看，社会力量参与课程管理的意识并不强。因此，要通过激发权力意识及构建组织机构，增强社会力量参与意识。

2. 创建社会力量参与课程管理的合作机制

随着社会市场经济的发展，高校开始面向社会开放办学，社会力量也可以自主参与高校教学活动。但是，当前社会力量参与高校课程管理制度仍不完善，导致参与渠道匮乏，高校与社会之间的交流与合作少之又少。为此，要建立社会力量参与高校课程管理的合作机制，鼓励社会力量参与其中。

3. 建立社会力量参与课程管理的保障机制

一般而言，作为高校利益相关者，社会力量也有自己的利益诉求，特别是以营利为目的的企业，为了获得自身的利益，会试图通过多种途径和方式主动参与高校课程管理。但由于保障机制的缺失，难以实现社会参与，因此需加大政府支持力度，建立社会力量参与的保障机制。

第二节 高校教育考试管理理念与方法

一、高校教育考试管理的理念

（一）管理理念统一

管理理念统一即整分合一体化原则，是高校教育考试管理各要素间本质联系的反映。其基本依据是现代高校教育考试管理的系统原理，故这一原则的主旨在于：整体把握，科学分解，综合组织，即首先构思并形成高校教育考试管理的整体计划，再将整体计划科学分解，进行具体明确的管理分工，建立切实可行的责任目标制度，然后根据计划目标采取措施，以实现综合组织。

（二）管理队伍职责权一致

职责权相一致原则依据现代高校教育考试管理的组织原理提出，是现代高校教育考试管理体制及组织机构运行机制的反映。其基本要求在于各级各类高校教育考试管理工作者的管理责任和管理权限，必须与其所任的管理职务相称。既不能有责无权或有权无责，也不能有责有权而无职，或有职而无责无权，理应做到职责权三者一致。

（三）管理制度互补

控制与协调是高校教育考试管理活动的主要职能。高校教育考试管理是根据一定的管理目标，选取适合实现管理目的需求的方法与手段，对管理对象实施控制和协调，使考试活动规范运行的一个过程。因此，一切高校教育考试管理活动的有效开展，都必须将控制和协调原则贯穿始终。同时，由于高校教育考试管理过程又是一个动态的常变过程，要真正做到控而不死、调而不乱，还必须科学地运用弹性原则，实现控、调、弹三者的互补。

（四）管理手段开闭反相结合

高校教育考试管理过程的各种手段，应能构成相对独立的、相辅相成的封闭回路。在高校教育考试管理这一系统中，各管理子系统间有既输入又输出的信息转换机制。这种彼此交互活动的协调运行，是高校教育考试管理运行过程封闭性、关联性及信息转换机制的反映，现代高校教育考试管理系统原理、信息原理和过程原理是其基本依据。实践这一理念的关键，又在于把住相对封闭、必要开放、及时反馈三关。

二、高校教育考试管理的方法

（一）营造高校课程考试管理的和谐环境

和谐是事物和现象各方面的完美配合，是多元化的协调与统一。它能使人获得一种愉快和满足，并由此唤起人们对社会、对世界的热爱与向往。中国作为文明古国，历来追求和谐。高素质人才的培养离不开和谐的校园环境，和谐的校园环境有赖于良好学风和考风等的建设。高校课程考试管理采用合作管理模式，树立"尊重人、关心人、培养人、激励人"的人本观念，科学规划，协调管理，突出个性，发挥不同人群的优势，在教师与学生之间、教师与学校管理者之间以及管理者与学生之间构建和谐，是建设和谐校园的必由之路。

（二）完善高校课程考试违规处理的法律程序

"依法治考"是对高校行政主体依法行政的回应，其核心问题是必须在程序上平等对待考试管理各方当事人，排除各种可能导致不平等或不公平的因素，做到行政程序正当。正当程序是法治理念中的重要内容，管理过程中正当程序是相对人权利保障的基本要求。在学生管理活动中，做出影响学生权益的处理或处分决定时，应当事先告知当事学生，向当事学生说明理由和依据，听取当事学生的陈述、申辩，或举行听证会，让当事学生参与到处理程序当中来，通过充分的、平等的发言机会，疏导过程中要善加引导，而不是一味地严加处理。

（三）建立考试违纪处理申诉制度

建设和谐校园离不开学校秩序的制度化和规范化，建立申诉制度，给学生以申诉权是学校制度化的体现。申诉权是指当违规学生在学校做出处分决定后，对学校所给予的处分认为不适当或不公平时，不服其决定向学校或上级教育行政部门申诉理由，请求重新审查处理的权利。申诉权是国家宪法赋予公民的一个基本权利，不服学校给予的处分进行申诉也是《教育法》规定学生享有的基本权利之一。

第三节 高校创业教学管理理念与方法

一、高校创业教学管理的理念

高校创业教学管理的目的，是使高校成功搭建适合时代发展的创业人才教育教学体系，协助政府落实相应的扶持政策，提高校内课程管理质量，最终实现对学生的管理。

当前高校创业教育管理的具体内容包括：①教学方面，主要培养学生创业思维，训练创办企业技能等；②服务指导方面，提供创业项目中各项流程及涉及相关法律知识支持；③项目实践运营方面，在创业项目运营过程中，提供相应的帮扶管理工作。因高校创业教育是一个"多维度+全过程"的过程，故而高校创业教育管理也不能局限于某种单一方法实现改进。根据创业生态系统概念中对创业教育主体的分类，创业教育管理也需要充分考虑到包括核心主体、支持群体和环境要素这三大主体的管理。作为高校创业教育管理的主要部门，就创业教育相关的环境要素，高校创业教育管理部门应当及时干预，加强控制，做好指挥协调统筹工作；就高校创业教育核心主体要素，负责创业教育管理部门负责创业活动的具体组织、计划、协调、开展等工作。通过利用高校"理论+实践"创业课程教育，实现具备创业能力或者实现创业的高素质人才，充分发挥创业主体的主观能动性和创造性。

（一）注重认识人力资本

在知识型经济的时代背景下，教育是一种资本。而接受过高等教育的大学生，必然会成为社会发展的优质人力资本。通过对高校创业教育管理中学生管理的研究，了解到创业教育对当代大学生成长产生的影响，并对目前高校创业教育管理中涉及的问题，给予一些化解策略。

（二）注重践行学生发展理论

创业教育开展得好坏，绝非单一以学生课堂成果评价、教学巡查组评价等形式评判，而是以大学生整体综合素质提升视为最终教育成功的标准。创业教育管理以形成人的健全个性为根本管理目标，是在充分尊重大学生发展规律的情况下，以学生个体作为基础单位，发挥每一个学生的性格特点、主体性和主观能动性，激发学生的智慧潜能。

（三）注重丰富和发展高校创业教育管理相关理论

以往，高校创业教育管理主体都是校内因素，如教学单位、教师、学生等，而忽视了校外因素的影响。高校创业教育管理必须密切关注高校—政府—企业在其中的联动作用。唯有如此，才能更加全面、客观地为高校创业教育管理提出要求，弥补以往创业教育管理相关理论校外因素影响的问题，进而丰富和完善高校创业教育管理相关理论。

（四）注重完善高校人才培养体系建设

对于国内大多数应用型高校而言，实践性课程一直属于薄弱环节，这与现代社会人才的需求期望产生较大矛盾，其中矛盾正是要研究的。高校创业教育正有在充分尊重市场发展的背景下，锻炼大学生实践能力，培养大学生团队意识，提升大学生抗挫折水平。以温州大学瓯江学院为例，进行实地论证高校创业教育管理正在面临的困境。通过查阅国内外文献及走访国内各高校，将全国乃至世界创业教育管理的共性问题客观把握，从而理性提出关于规范当前高校创业教育的管理方式与方法，弥补高校在学生培养体系建设中缺乏实践能力培养的缺点，提升大学生综合素质水平，缓解社会人才缺口问题。

（五）注重培养高校师生创业思维

当前是一个人力资本缺乏的时代，仅掌握理论知识的工作者已经远不能满足社会发展需求，只有在不缺乏理论内涵的基础上，拥有实操能力、明确的自我认知以及一定管理能力的复合型就业者，才是社会、企业争夺的稀有资源。高校创业教育旨在让大学生在原有课程的学习基础上，培养大学生开拓创新精神和强烈的创业意识，达到转变传统思维方式的目的。

（六）注重高校教育质量

大学作为就业人员重要输出渠道，其教学质量必须提升，教育体系机制构建更为合理科学，才能满足社会发展的要求。本研究通过分析高校创业教育管理中存在的问题，推动教学和育人模式的新方法的模式，从而推进高校教育改革，实现高校人才培养质量全面提升。

二、创业教育课程管理方法

（一）统一创业相关必修课程教学大纲、授课形式等

1. 统一创业教育必修课程教材

教材可选以培养大学生的企业家精神为目的，围绕创业的三大核心要素——机会、资源和团队，以创业过程为主线，将创业要素和创业过程有机结合起来，从创业行为的视角揭示创业活动的发展过程以及关键要素的作用。

2. 学院增设教学茶话会活动

每月选定一个半天，进行高校创业话题讨论。茶话会以企业家、创业培训指导师或本校创业教师担任主讲人，就高校创业教育某一话题展开讨论，其中不乏学生和教师对于当前创业教育的看法与建议，学生可以通过茶话会提早了解创业教育的相关内容，教师也可以通过每月举行的活动反馈来调整自己的上课形式。

3. 夯实创业必修课程的实践模块

当前，创业实践主要包括市场调研、企业挂职锻炼和模拟企业运营等方式，是创业教育的重要内容。因此，为了更加夯实创业教育实践任务，高校可以从以下几个方面加以改进：①丰富创业实践内容。除了现有的实践内容和方式，高校可以通过更多的实践方式，例如让学生走出高校环境，真正感受市场魅力。②延长创业实践时间。可以将创业实践纳入暑期社会实践或素质拓展课程中去，从而延长创业实践时间。③另设创业实践学分。

（二）丰富创业教育选修课程

1. 灵活创业教育选修课课程配置

选修课不同于必修课和公选课，是根据学生自主的学习意愿进行选择。因此，选择创业教育选修课的学生，更有创业意愿。选修课程的课程配置，也更应该贴合创业过程的实际情况。关于创业思维探索、创业政策解析、团队建设等创办企业前期相关理论课程，可以更侧重于中低年级的学生，为学生创业做好相关基础知识储备。关于创业实践、企业探讨与走访这类实践类课程，可以更侧重于高年级学生展开，从而帮助学生加强创业实践经验，在实践中校正自身的创业过程中所存在的问题。不仅如此，高校对于选修课程，可以配备具有授课资质的校外创业导师。

2. 选修课与创业类竞赛相结合

高校可以参考一些助考机构，开设以将创业类竞赛为主要内容的创业类选修课。当

前创业类竞赛繁多,参与的学生群体数量庞大,但是关于赛事前期准备、中期开展和后期总结的过程都不成体系。因此,可以将创业类竞赛融入创业教育选修课程,让学生系统掌握相关竞赛所锻炼的个人能力和所需要把握的技能。

3. 完善创业教育课程评价体系

创业教育倡导的教学评价指导思想应该是以学生为中心,以增强学生的自我学习意识为目标。创业教育的评价体系必然要遵循以下原则。

第一,客观性原则,是指在进行创业教育评估过程中,评价者必须采取实事求是的态度,不能掺杂个人情绪。

第二,全面性原则,是指在进行创业教育评估过程中,评价者必须充分尊重创业教育的时间段模糊性和校内外因素共同影响等特点,全方面、多角度分析和判断当前的教育现象。

第三,一致性原则,是指进行创业教育课程评估过程中,评价者必须采用统一的标准。这利于使被评者明确自己在群体中的实际位置,被评价者根据自身在群体中群分好坏、优劣,学习或改进自身当前的教育方式,从而推进高校创业教育工作。

第四,灵活性原则,是指由于创业教育的授课形式以及内容性质与传统类理论课程有所不同,因此实施的课程评估也不能一刀切,而应充分尊重创业教育课程的长效性、终身性的特点。更侧重于学生在上课过程中的实际体验,对于课程最终考核以考查学生创业素养为主。因此,在评价指标的内容设定、权重分布以及评价方法上,都应考虑创业教育课程与传统理论课程的差异,要灵活对待。

4. 加强创业教育融入专业教育

（1）多层面推进创业教育课程体系建设

第一,加强高校创业教育公选课建设。增加课程数量,明确创业基础教学任务、具有高校所在地地域特色的地方创业课程和融合创业内容的专业课教学任务三类教学任务特色,扩大课程受益面和辐射面;继续丰富创业教育教师的授课形式,在传统的课堂教学基础上,可增设校外专家讲座、企业家论坛、案例分析、各类创业竞赛观摩等形式。

第二,逐步在公共必修课中融入创业教育元素。探求公共必修课的教学内容、授课方式和场地与创业教育内容的契合点,实现公共必修课与创新创业教育的对接和融合,帮助加强学生创业意识的培养和相关能力的锻炼。

第三,各系要主动开展与专业教育相结合的创业教育。结合各级各类卓越人才培养试点专业平台以及教学创新实验区建设,各专业要进一步完善人才培养方案,充分把握各专业特点,尊重各专业的学生发展模式,开设符合本专业特色的创业类选修课程,对于部分创业学生数量多、意愿强的专业,可开设具有专业特点的创业类必修课程,在强化学生专业基础的同时,提升学生创业素养;鼓励专业任课教师在课程教学过程中讲解创业内容；鼓励学院增设创业类学生企业挂职体验环节，通过实地挂职创业相关企业，感受创业氛围；鼓励学生将专业基础融入创业过程，通过项目运营完善自身专业知识架构认识，为实现岗位创业奠定良好基础。

（2）大力扶持大学生专业创业实践

大力扶持大学生专业创业实践，逐步完善具有地方特色的融入创业教育的专业教育实践体系。强化校内创业联动机制，密切工作室、创业指导中心与孵化园的工作配合，鼓励并推进园区内创业项目与专业相结合，鼓励大学生跨专业组建创业团队，引导创业学生将专业知识融入创业项目；争取逐年增加大学生创业园的创业实践场地和创业实习岗位，扩大创业平台的受益面，促使更多专业的学生参与到创业园的实践平台中来。鼓励校内跨专业合作形式，从而弥补因成员来自同一专业所存在的技术缺陷。不仅如此，跨专业合作团队可充分运用各专业孵化平台和创业优惠政策，聘请专业教师作为创业项目顾问，从而支持项目运营。学生个人可以凭借社会实践、创业类竞赛等途径自行径开展创业实践活动；教师也可以选取一定数量的大学生担任研发助手，带领学生共同研发创业相关的成果。

要发挥利用中小民营企业众多，凭借创业、经商氛围浓郁的优势，建设产学研一体化的创业实践平台。各专业密切与校外的经济技术开发区、高新技术开发区等校外机构联系，充分发挥学校专业优势与企业的资源优势，协同构建专业对口的校外创业孵化基地，推进学生校外创业实践模块工作。

（3）鼓励专业教师参与教学改革研究

建立专业教研组，就高校创业教育与专业教育相融合的课题展开理论研究，通过相应的鼓励政策刺激专业教师践行创业教育教学改革措施，激发专业教师深入创业教育实践的热情，更好地用创业教育理论指导教学实践。定期组织申报创业教育教学改革项目、专业类创业课程建设项目、创业教育科研专项课题、创业人才培养模式创新实验区项目等；鼓励编写出版创业教育相关的专著或教材，立项省部级研究课题，并努力争取国家级课题。

（三）加强师资建设

1. 教师的激励政策

教师指导学生参加创业教育相关活动，根据统一标准计算工作量，并计入本人的年度教学业绩考核工作量，同时按每课时一定金额的标准核发附加教学工作量津贴。

2. 加强培训与挂职

第一，高校创新创业教育工作者（含创业教育师资、创业工作相关人员）由高校创业教育管理部门根据创业教育师资队伍发展需求安排参加创业类业务培训。

第二，鼓励支持高校从事创业教育的工作者深入社会各单位展开挂职学习，密切把握各行业创业最新动态，更新创业教育相关理念，从而提升自身创业教育指导能力。

第三，挂职人员在挂职期间，其待遇应不低于原在职期间。

3. 加大宣传力度，加强内涵理解

大力宣传加强大学生创新创业教育的必要性、紧迫性、重要性，使创业成为高校办学、教师教学、学生求学的理性认知与自觉行动。积极利用高校官方微信、宣传栏等各种媒体宣传创业教育及成效，通过教学宣讲会、优秀项目报告、未来企业家人物评选等活动载体选树学生创新创业成功典型，培育创客文化，努力营造敢为人先、敢冒风险、豁达宽容的氛围环境。

4. 规范校外创业导师职责

为了充分借鉴利用社会创新智力资源，提高创业服务能力，促进区域经济发展，可以采取创业导师从成功企业家、行业管理专家、投资金融等专业机构人员、科学技术专家等领域聘任的方式，为在校大学生提供具有导向性、专业性、实践性的创业指导。学院充分考虑到创业导师本职工作繁忙，工作场所不在高校内，导师无法像高校教师一样定期展开课程教学，但为了高校创业教育能够有序进行，特对校外导师的职责进行规范。

（四）完善高校创业教育校内外资源保障制度

1. 完善校内资源保障制度

第一，加强组织保障。进一步强化全院创业教育工作的顶层设计与协同推进。成立创业工作领导小组，组长由高校校长担任，副组长由分管学生（创业）工作副书记、分管教学的副校长等担任，成员由各下属学院院领导、相关部门负责人组成，创业工作领导小组负责统筹全院创业工作。设立创业学院，整合学院现有创新创业工作资源，成立高校创业学院或创业办公室，负责人由校领导兼任，创业学院或创业办公室以第二课堂为主体，整合创业就业工作部、教务处、团委、实验教学管理部等部门的相关职能，系统推进课程实践训练、项目培育推广、创业班管理建设等工作。建立由创业学院或创业办公室牵头，各下属学院、各相关职能部门齐抓共管的创业教育工作机制，把创业教育提到高校改革发展重要议事日程，研究部署创业工作，强化各下属学院、直属专业在推进创业教育改革发展中的主导作用，明确工作任务与目标。

第二，创业教育绩效纳入下属学院教学业绩考核体系。将创业教育绩效纳入下属学院教学业绩考核体系，从而刺激下属学院或专业挖掘项目及相关人才，激发创业教育的潜力；建立创业学院、下属学院专任联系人机制；完善支持学生创业的弹性学制和学分冲抵机制；建立教师参与、指导学生创新创业项目与教研业绩之间的等效机制；完善激励政策，推进高校教师到社会企业挂职学习制度，指导学生创业见习、实训，指导学生

参加创业计划类竞赛，提升专任教师的综合素养与教学能力。

第三，加大经费投入。创业教育改革专项经费应被列入高校日常经费预算中去，因此保障创业教育改革推进过程中的有序与稳定；在下属学院或专业教学维持经费中单列实践经费，专款专用，保障大学生创业活动和教学改革的有序进行。

2. 简化校外资源入校程序

高校创业教育面临的校外资源大多来自当地政府与企业，为了更有效地推进高校创业教育与校外资源的合作工作，可对这两类单位提前设置相应的审核机制，高校内各单位的审核由高校创业学院工作人员负责协调推进，避免单位负责人多次往返高校进行同类资质的审核。

3. 建立合理的分配制度

（1）增设校外资源补助制度

高校创业项目必然经过创业教育管理部门统计汇总，高校可以通过校内外导师、软件评测对该创业项目进行前期评估，其中包括对项目可见收益周期的评估、启动项目所需资源总量的评估以及项目发展前景的评估。重点把握科学技术含量高、可见收益周期长、前期投入资金多的创业项目，对于这类高精尖创业项目，允许创业团队申请校外资源补助，申请由校内外组合评审团队、教务部、财务部进行审核，审核通过的项目，按启动难度等级给予校外资源补助。

（2）建立校外资源奖励制度

对于在各类竞赛中获奖的创业项目，高校可以从校外资源进行分配，对于获奖的创业项目给予鼓励，推动获奖创业项目孵化。例如获奖项目可以利用校外资源的平台、硬软件，甚至奖金分配。通过校外资源奖励制度，激励创业团队参与到各类创业竞赛中去，接受赛场乃至市场的考验，在竞赛中发现自身缺陷与不足，从而及时校正创业项目。高校也可以通过这一途径提升自身创业教育水平与校内知名度。

（3）建立校外资源专项使用制度

部分校外单位对资源投入有一定要求，如投入资源只针对某一行业的创业项目或某一专业的学生。因此对于有明确要求的校外资源，学校应建立严格的专项使用制度。对于每一项资源的使用都要在要求下进行，资源进行实时记录与反馈。

4. 建立与校外资源的对话机制

（1）丰富校政、校企合作模式

绝大多数接受校外资源的高校，都是将校外资源引入高校内，方便高校的分配和使用，但是单一的资源输入途径会产生一定的资源浪费，许多单位存在的资源，特别是大型设备无法很好地利用起来。

（2）保障校外单位合法利益

不同于早期"公益式"的高校与校外单位的合作模式，目前越来越多的校外单位，特别是企业追求双赢的合作模式。按长远合作而言，双赢的合作模式更有利于双方长期发展。

第六章 基于大数据环境的高校教育管理思维创新

第一节 基于教学大数据的教学管理系统

随着科技的进步和高校教育的发展,教学的信息管理手段在教务网络管理系统上也由单一向综合过渡,这一发展不仅有利于综合教学管理水平的提高,而且能够促进综合教学管理效率的提升。大数据、云计算、智能化等概念的普及与应用,促使师生、教务管理人员对教务系统有了更高的要求。使用大数据的意义在于,对用户所要调查的一个事件能够进行多方面调查,并形成综合数据,对于用户的决策提供依据,促使工作更加高效,决策结果更加科学。目前,全国大部分高校都在采用数据化的方式提高教学水平,需要思考的问题是,如何利用大数据的有效性等变现,从而提高高校综合教学管理系统的质量水平和效率,进而促使高等教育人才培养目标更好地实现。

一、大数据时代对学校教学管理系统的影响

当下及未来高校的教学管理系统,肯定是离不开大数据的支持的,也必定会以大数据作为依靠。大数据技术的不断发展,也影响着学校教学管理系统的各个方面。

(一)大数据时代对教学管理系统决策的影响

现阶段,大部分高校还是采用传统的教学模式,教师在课堂上占据主导地位,教师和学生的角色内涵都很单一。教师要做的就是站在讲台上不停地讲授知识,学生则是坐在座位上听。在这种教学环境中,学生学习到的知识完全取决于教师,这对教师的综合素质要求较高,教师扮演的是一个领导者角色,学生则是依附教师的存在,基本上没有自主思考和学习的机会。这种教学方式比较封闭,容易引起教师和学生之间的摩擦和矛盾,也不能做到因材施教,不利于学生的综合发展。

将大数据引入学校教学管理系统,具体可以体现在对教学的支持上。教师利用大数据对每个学生的个性状况和学习进度进行数据收集和分析,根据学生的差异性为他们制订合理正确的学习方案,从而促进学生的全面发展,真正做到因材施教。大数据的优势

还在于，收集的数据不同于教师以往凭借自己的感觉对学生的情况进行的主观评价，而是有着客观科学的数据，从这些数据出发做出的决策更有利于教学管理的发展，能够提高教学管理系统决策的科学性和有效性，从而实现对学生的个性化管理。

（二）大数据时代对教学管理系统业务的影响

一般来说，各个高校的教学管理业务包括人才培养方案、教学执行计划、质量监察、学生的学籍学位管理、教学过程资料管理、教师的课程安排、学生的课表、学生的学业信息等，这些业务中都蕴含大量信息，并且繁多复杂。如果对这些信息没有进行科学有效的管理，那么就会导致教学管理业务不到位，甚至出现无法预估的严重后果。因此，现阶段各大高校应该考虑的是如何正确利用大数据，提高教学管理系统业务的科学性和有效性。

高校在新时代看到了新技术给学校教育教学带来的新形式。比如，移动学习、在线学习、虚拟学校、云课堂、VR/AR 教育等。这些变化带来了数据的积累，利用数据可以提升教育质量。学习者利用数据进行深层次学习，学习提供者利用数据对学习内容和学生的学习情况进行分析，进而更好地改善教学方式，教学管理者则是关注教育教学整体的数据价值。举例来说，利用指纹、移动 APP 记录考勤，这样可以更直观地看到学生的考勤情况。还可以利用大数据对课堂进行实时监控，教师可以课后观看课堂视频，对自己的教学状况能够有一个更直观的了解，并且了解学生的课堂情况，以便在下次课堂做出适当的调整。教学管理系统业务通过大数据对行政流程进行优化，从而能够提高教学效率，并且节约成本，最终促进教学管理系统业务水平的提高。

（三）教学管理系统的可预测性增强

利用大数据可以对教学过程的各个数据进行分析。比如，教室和实验室使用率、培养方案执行情况、专业之间的关联分析、教学质量分析（优良率、升学率等）、课程考核成绩分析等。通过大数据对教学全过程的信息进行收集，利用收集的信息促进学校教学管理系统的优化，还可以对学校发展的各环节进行评估，对优点进行发扬，对缺点进行改善，进一步改进学校的教学工作。除此之外，收集的信息还能为学校管理层的决策提供理论依据，促使决策更加科学化，从而增强教学管理的可预测性，提高学校的教学水平。

二、综合教学管理系统建设与发展的价值

（一）系统建设与发展使教学管理工作更加科学、精准

没有根据实际数据做出的决策，往往会出现不能实际操作、确定目标太高或太低的

情况。其原因在于，决策者在做决策时并没有对实际情况有一个全面的认知，只是根据有限的信息凭借空想、经验等个体感觉来制定政策。为了防止这种"拍脑袋"决策的出现，管理者可以借助大数据。大数据在决策中发挥的作用是，对实际情况有一个数据记录，并且可以对这些数据进行分析和预测，促使决策科学化，具有可行性。除此之外，大数据还能对教育教学中隐藏的信息进行深度挖掘，让教师能够根据学生的实际情况对教学方法和教学策略进行调整，对自己的不足进行改善，让教育管理者发现教育管理过程中存在的问题和不足，提高决策水平来优化教育管理

（二）融合大数据技术的教学管理模式的转变

传统的教育模式，形式是非常单一的，融合大数据技术有利于促进教学管理模式的转变。大数据的特点不在于数据的数量多，而在于给学生、教师、管理者能够带来什么，教学管理模式的主体就是这三者，因此大数据在教学管理模式上起了很大的作用。大数据技术促使教学管理模式由单一转为多元。

在传统的教学模式中，大部分学生学习知识依赖于课堂，但在融合大数据技术后，学生学习的渠道更加多样。比如，有很多开放的精品课程可以通过线上学习平台进行学习，这些平台的课程涉及各个领域，能够满足不同群体的需求。除了学生学习渠道的拓展，大数据还能帮助教师课堂进行改善。教师在教学过程中可以利用数据进行数字化教学，促使课堂更加高效、开放和多元。解决问题不再是依靠经验，而是以教育数据为支撑。

（三）更科学合理的教务管理实现

高校的教务管理工作内容多样，包括学校、教师、学生的各项事务，处理起来相对复杂，有时可能会遗漏重要信息。在遗漏信息后，需要大量的人力和时间对信息重新检查和管理，这就会造成资源的浪费。融入大数据后，可以促使教务管理向智能化和科学化转变，让个性化教育成为可能，教育的评价方法也更加公平。例如，近年来一直倡导要推进素质教育，改变"唯成绩论"的评价学生方法，但是用传统手段对学生进行多方面评价比较烦琐，利用大数据则会更高效、更简洁，主客观结合，过程结果评价结合，既重结果也重过程。

三、综合教学管理系统建设的主要任务

（一）重塑规则、标准化建设与顶层设计

万事万物的发展都有一个规则和标准，大数据也不例外。目前在高校的教育数据信息中，还存在没有和大数据进行融合和发展的部分，其中涉及的不是技术问题，而是学校的相关规则和标准的限制。对于数据的分类，学校方面要制定相应的标准，从而避免数据分类过杂过乱，还需要制定大数据共享的规则，促进高校数据的系统化发展。

（二）优化重组布局，对现有业务系统的调整

随着学校教学管理中各类应用的不断深入发展，教学管理工作的业务要求也越来越多。目前很多业务系统存在开发框架、技术线路老旧的问题，没有扩展业务功能的设备支撑，更加满足不了高校特色化、多样化、个性化的教学管理需要。通过建立流程化管理机制，基于具有自定义流程，能够对流程进行跟踪和监控的工作流引擎，实现业务的流程化控制、简化操作透明化过程管理，调整对现有业务系统，达到条理化、层次化、智能化的目的。

（三）建立可靠的数据管理和保护机制

在学校引入大数据技术的同时，还要注意大数据能够共享这一特点。学校的大数据涉及师生、学校的各类信息，一旦被非法分子盗用，将会产生无法估量的后果。因此，要对学校的综合教学管理系统建立可靠的数据管理和保护机制，从而保护学校和师生的数据安全。

第二节　基于大数据的高校学生综合测评系统设计与实现

一、学生综合测评系统设计

（一）系统设计原则

在建设系统与设计技术方案时，项目组成员遵循如下设计原则，确保系统建设的可行与未来可更新。

1. **统一设计原则**

对系统结构统筹规划和统一设计，从全局和长远的角度来考虑应用系统建设的方法、数据模型、数据存储体系以及系统功能扩充等内容。

2. **先进性原则**

采用当前已经大规模使用且在国内处于领先地位，并在国际上符合未来发展方向的技术、软件和硬件设备来构建系统。不同于采用三层体系结构的软件系统设计方法，本系统采用当前流行的 Hadoop 和 Spark 开源系统处理数据，上述开源软件性能稳定，拥有成熟的社区和文档资料。

3. 高可靠和高安全性原则

在系统和数据架构设计过程中，应全面考虑系统的可靠性和安全性。在设计安全性时，应提供各种检查和隐患处理手段，确保数据的准确性、安全一致，保证系统正常运行与安全可靠。系统为保护和隔离信息，充分共享信息资源，需控制各个层次的访问，对操作权限严格设置。

4. 可扩展性原则

设计信息系统时，要使各功能模块耦合度不太高，确保设计得简明，这样便于系统的扩展，满足业务未来发展的需要。同时，兼容原有的数据库系统，整个系统应该可以根据实际需要，随时、任意升级到新系统，实现系统之间的平滑过渡。

5. 用户操作方便的原则

系统界面的风格应统一、美观和易于用户操作，同时针对各个用户群，提供个性化定制的操作界面。

（二）系统总体架构设计

新信息技术时代高校学生测评系统的构建，需要以云计算作为平台支撑，以大数据为核心，以物联网为主干网络，以智能感知作为主要信息来源，实现对学生信息的智能处理。

1. 物理感知层

学生在校期间，通过校园网和无线网络登录慕课与各种在线学习系统进行日常学习，弥补传统课堂教学的不足，学生在线学习点击的过程中，留下了大量的行为操作日志。通过校园一卡通刷卡，学生留下消费记录和行为习惯，同时学生使用微博、QQ 空间等发布图片、文字和位置等信息。通过采用物联网技术实现的校园一卡通和各种感应技术，全面感知学生在校的行为信息，实现数据的实时采集，为大数据分析提供数据源保证。这些海量的学生信息为通过数据挖掘手段获得学生在校的生活规律提供可能，感知层建立了现实世界与物理世界连接的桥梁。

2. 网络通信层

智慧校园建设过程中，信息传输必不可少，其决定信息的流动，保证系统之间的信息交换。近年来，有线网络不断发展的同时，移动通信技术快速发展，并逐渐起主导作用，人们进入 4G、5G 时代，当前的网络具有传输速度高、安全性能高、运行稳定性强、覆盖面广等特点，为实现设备之间的彻底互联互通提供保证。学生通过有线网络和无线网络，随时随地实现高速互联，保证数据及时传输，当前建立学生测评系统的网络方面的基础条件已经具备。

3. 云计算与大数据层

在学生测评系统建设中，云计算与大数据层是核心，利用云存储保存采集的学生相关海量数据信息，采用大数据技术合理分析学生数据，构建数据挖掘模型，利用已有模型评测和预测学生的行为。同时，学生测评过程中，应强调个性化的服务理念，对每个学生提取已有的学习数据和行为数据，采用协同过滤、关联规则、基于内容的推荐算法等机器学习方法，分析学生的习惯和爱好，提供便捷化、个性化的服务，使分析结果能千人千面，满足每个学生的特有自我测评分析。

4. 可视化层

将学生数据分析处理的结果通过网页设计技术可视化显示，用户通过各种智能终端查看结果，与系统进行交互。学生测评的结果进行可视化展示时，应简洁美观，多采用图表等形式，直观地显示学生测评的情况，同时应考虑移动端的显示，使用户无论所处任何环境，都可以查看，以贴心的服务提升使用体验。

（三）系统功能模块设计

1. 系统基础平台模块设计

高校教育信息化程度在不断加深，业务繁多，各种系统被大量部署，产生与学生相关的海量数据，类型多样化。过去以单机服务器处理数据，采用关系数据库保存数据的方式，已不能满足当前学生数据处理的需求。新的学生综合测评系统基础平台模块设计时，要考虑采用云计算技术。

海量学生数据在存储时，在传统的磁盘几余阵列基础上，引入分布式网络存储技术，在云计算平台上部署 hadoop 系统中，打造大数据处理生态圈，利用 hadoop 系统中的 HDFS 分布式文件系统存储学生日积月累产生的大量数据。同时，为进一步提升数据分析的能力，应该用当前流行的 Spark 平台分析处理数据，相对于 hadoop 的 MapReduce 平行计算处理框架，Spark 在内存中运行，速度更快，SparkSQL 允许开发人员采用类似 SQL 语句的方式分析数据，SparkStreaming 保证系统可以实时处理学生数据，MLib 保证系统可以采用调用库的形式利用机器学习算法处理数据。

2. 数据中心管理库设计

信息化时代，学生从被录取到毕业，四年的大学生活产生了很多的数据信息，高校在学生被录取后，添加学生信息进入迎新系统，学生处建立学生档案，教务处录入学生人才培养方案中需学习的课程信息，后勤处办理学生的一卡通，网络中心提供学生上网账号，宿管中心安排学生的床位，图书馆办理学生的借阅证，这些工作需学校各部门的系统来完成，学生入校后的整个信息被记录在这些系统中。过去学生在校期间产生的大多为数字信息，数据量较少，现在学生人数增多且上网过程中在网络中心留下大量上网行为日志信息，校园内的各种监控设备记录视频信息等，学生数据的形式多样化，从数字为主发展到未来的文字、图像和视频等形式并存的情况。大量的半结构化和非结构化数据的出现，使数据的存储量大幅度增加，高校学生数据进入大数据时代，针对海量学生数据的存储与处理是未来的新挑战。

为了将分散在各部门系统中的学生数据整合到一个中心数据库中，在数据中心管理库的设计模块，要采用当前流行的 ETL 数据预处理工具，将项目中需要的数据从各部门系统抽取出来，建立数据仓库，保存抽取和清洗过的数据；需采用 Java 语言编写代码设计针对 hadoop 系统的 HDFS 模块操作的数据，实现数据到 HDFS 模块的管理；为提高数据中心库建立的速度，增强操作的方便性，可以采用开源的 Sqoop 子项目，辅助中心管理库的建立。

3. 数据分析模块设计

针对学生在校产生数据进行分析的模块，设计过程分两部分实现：①针对学生总体信息统计、一卡通消费、进出宿舍和图书馆等方面的分析，采用 java 语言编写程序调用 Mysql 数据库接口，利用 SQL 语言中的命令和函数实现数据的统计与计算，该部分属于系统功能性的实现，因学生数据量庞大，故采用 hadoop 中的 Hive 与 Spark 平台中的 SparkSQL 结合实现，计算结果可以利用相关工具画出图形进行可视化展示；②针对学生在校情况综合测评模块，采用数据挖掘和机器学习的方法，从学生的个人信息、一卡通消费、课程成绩、进出宿舍和图书馆等方面提取影响测评结果的特征，采用 Apriori 关联规则算法、逻辑回归、聚类等多种模型分析学生行为的相关性，在校情况的好与坏判断。下面内容将详细论述上述各个模块的设计如何实现。

（1）学生信息统计展示模块设计

高校学生信息统计展示需采用 SQL 语言中常用函数来完成针对学生每一个属性信息的计算，如采用 sum 求和函数完成学生人数、不同民族学生人数等信息的计算，采用查询的方法统计每一个年龄段学生的人数。同时，须将上述统计结果利用饼图、柱状图等图形化的方法展示出来。

（2）学生图书馆活动分析模块设计

学生进出图书馆情况的分析，包含两部分，一部分是高校学生一天从早上七点到晚上九点的总体趋势分析，将分析结果以曲线图的形式显示出来，另一部分是针对每个学生一段时间内进出图书馆、借阅书籍的记录分析。

（3）一卡通消费分析模块设计

学生一卡通消费情况分析，需统计学生不同性别、籍贯的人数，计算不同情况的比例，采用柱形图和曲线图显示消费的人数与金额，同时需将每个学生的消费信息统计，为判断其经济状况提供依据。

（4）学生住宿情况分析模块设计

学生进出宿舍情况分析，以一天为单位统计学生的进出次数，标记其进出时间，同时以晚上十一点为起点，统计十一点以后进出学生的名单，编写邮件发送模块，将疑似未住宿名单发送给管理人员。

（5）学生在校情况综合测评分析模块设计

针对学生数据进行大数据分析，不仅体现速度快，处理能力强，而且可以利用大数据思维对学生数据进行未知的价值分析。为了分析学生在校情况的个人信息和各种相关性，系统采用 Spark 平台中的 SparkSQL 语句和 Mlib 机器学习模块进行数据分析，比如分析学生成绩与出入图书馆次数的相关性时，可以采用 Mlib 库中的 Apriori 算法、关联规则等算法。Spark 作为大数据处理平台的显著优点是将机器学习算法并行化，充分利用内存计算的高性能，快速运行得出结果。

在对学生进出图书馆与学生成绩的相关性、吃早餐与学生成绩相关性、一卡通消费与学生经济状况等分析的基础上，针对学生在校情况进行综合测评。首先，从学生个人信息、一卡通消费、课程成绩、进出宿舍和图书馆等表格中，提取特征，进行特征相关性分析，数据的标准化和归一化；然后，对数据进行训练集与测试集的划分，确定评价的性能指标，如准确率、查全率等；接着采用 Spark 平台中 Mlib 机器学习库中的算法针对预测问题进行建模，如可以利用 K-means 聚类算法针对学生进行社区分析，判断学生的朋友范围，学生主要与哪些学生聚类在一起；最后利用逻辑回归对学生进行分类分析，判断学生在校综合情况，给出测评的状况，或优或劣。

在上述学生信息分析的过程中，必须考虑数据海量的问题，大数据时代的数据分析，不同于传统的关系数据库分析，关系数据库主要进行数据的增加、删除、修改和查询，其中查询大多通过 SQL 查询语言中的 Select 语句完成，根据需要设置 where 条件和进行 count 统计，这种方式处理速度慢，功能简单，无法满足大数据时代的数据处理需求。为了处理海量学生数据，项目采用 hadoop 生态圈中的 Hive 子项目或 Spark 平台中的 SparkSQL 进行数据的查询与统计分析，相对于关系数据库中的 SQL 语句，该方法将 SQL 语句转换为能在分布式平台上并行处理的方式进行多机同时执行，极大地提高了数据处理的速度。利用上面方法，系统可以轻松完成学生一卡通消费、进出宿舍和图书馆、在校学生情况测评等统计与分析运算。

4. 可视化分析结果模块设计

学生综合测评系统在前面搭建的基础软件平台、数据整理进中心库、数据分析挖掘的基础上，须将分析结果进行可视化展示。系统还要进行管理模块设计，如建立用户的登录模块，对各种用户设置权限，方便各种用户在线查看分析的结果，因此系统需设计数据、访问层、业务逻辑层、表示层等常用网站设计方法。项目在实现过程中，页面设计采用JSP完成，JSP中提供了完整的数据驱动程序、页面显示程序，可以满足常用信息管理系统的设计。

（四）系统非功能性设计

1. 系统级安全设计

系统级安全设计是应用系统的第一道防护大门，在系统运行过程中，要做如下安全设计。如为防止校外人员访问系统，增加系统的压力，限制访问的 IP 段为校内网段；为防止大量用户在某个时间段一起访问系统，对同时在线连接人数进行限制；对用户登录进行限制，限制用户在特定时间段内多次重复登录或设定登录次数；等等。

2. 程序资源访问控制

访问控制是在身份认证的基础上，鉴别用户的合法身份后，依据授权对提出请求的资源访问请求加以控制。访问控制是一种安全手段，既能够控制用户同其他系统和资源进行通信与交互，也能保护系统和资源未经授权的访问，并为成功认证的用户授权不同的访问等级。学生测评系统在设计过程中，超级管理员、教师、管理人员和学生具有不同的系统使用权限，操作界面各不相同，需要设置程序资源访问权限控制。

3. 数据安全设计

学生数据中涉及学生的隐私信息，数据使用过程中，应保证数据不被泄露，将数据存放在固定的磁盘中，限制外人的拷贝和查看；数据分析的结果在显示时，应加以选择，保证不展示学生的敏感信息。

二、学生综合测评系统实现

（一）系统功能实现

1. 云计算与大数据平台搭建

（1）Hadoop 基础环境搭建

jdk 安装：以自定义的 hadoop 用户登录，首先关闭各个测试服务器的防火墙。在 Ubuntu 中使用命令 sudoufwdisable 关闭防火墙。配置 /etc/hosts 文件，实现四台主机之间通过 hostname 进行访问。利用 vi 编辑器编辑 hosts 文件，添加"iphostname"格式的列表。然后下载相关软件安装包，解压 jdk-8u91-linux-x64.gz 到 /usr/java 目录下，配置环境变量。最后，执行 java-version 命令，验证 jdk 环境的安装效果。

SSH 免密码登录：接下来实现四台 Linux 测试服务器之间的 ssh 免密码登录。首先，运行命令 ssh-keygen-trsa，需要在每台机器上进行 ssh 公钥（id_sa.pub）和 ssh 私钥（id_rsa）的生成。在四台测试服务器上执行同样操作，实现四台服务器之间的免密码登录。

（2）Hadoop启动及运行效果展示

格式化HDFS：首先需要格式化Hadoop分布式文件系统（HDFS）。

启动Hadoop：分别利用start-dfs.sh命令start-yarn.sh启动HDFS和yarn。启动完成之后，利用jps命令查看所有进程是否启动成功。

（3）Spark安装与配置

Spark是由美国Berkeley大学开发的类似HadoopMapReduce的通用并行框架，具有Hadoop的优点，但将Job中间输出结果保存在内存中，不需要读写HDFS，速度更快。

Spark的安装需要在Hadoop已经成功安装的基础上，并且要求Ha-doop已经正常启动。在名称节点上安装Spark，执行步骤如下：①解压并安装Spark；②配置Hadoop环境变量；③安装部署Spark；④验证Spark安装。

2. 学生数据整合

学生的个人信息数据和日常行为数据，原先存储在传统关系型数据库中，为了利用大数据环境下的Hadoop和Spark工具软件进行处理，需将关系数据库中的数据通过Sqoop子项目转换到HDFS分布式文件系统中；或将监控视频文件、上网日志等构成的文本文件通过HDFS的API接口编写程序，直接上传到HDFS中；利用ETL工具进行数据处理。下面详细介绍其在上述三个方面的实现方法。

（1）关系数据库中数据到HDFS的转换

学生信息数据原来存在关系数据库中，为了利用大数据平台处理数据，需将数据从关系数据库转换到HDFS中，因此需采用Hadoop生态圈中的Sqoop子项目。ApacheSqoop是用来在结构化（关系型数据库）、半结构化和非结构化的数据源之间进行数据传输的一个工具。它充分利用了MapReduce分布式并行的特点，可以从Hadoop导入数据到关系型数据库，也可以从关系型数据库导入Hadoop中。

（2）数据处理流程

学生在校期间，产生了大量结构化数据存储在关系型数据库中，半结构和非结构化的文本文件与视频数据，主要包括学生学习动态数据和生活动态数据，学生平常生活产生的动态数据包含日常消费数据、日常生活数据、课外活动数据，学习动态数据包含学生个人信息和学习结果数据。其中，结构化的学生信息存储在学工系统、教务系统、后勤系统和图书管理系统中，经过整合后加入学校学生信息共享数据库，经过Sqoop子项目转换后数据从关系型数据库转入Hadoop的HDFS分布式文件系统中；半结构化和非结构化的微博文本、上网日志和监控视频等数据，通过HDFS的API接口编写程序上传或下载到HDPS中。将HDFS文件系统中的数据，通过ETL过程完成数据的预处理、抽取和加载，经过Hive或Spark等数据挖掘工具分析后，采用网页设计技术进行可视化实现。

（二）系统非功能实现

1. 并发用户限制实现

在线并发用户人数可以称为并发连接数。用户浏览一个网页时，在浏览者和服务器之间建立一个链接，该链接也称为并发。一个系统在运行过程中，能容纳的在线人数是固定的，因此系统开发过程中需设计在线人数统计功能，限制在线并发操作用户的数量，当达到一定数量时不让登录。

2. 安全性实现

一个系统如果要部署到 Internet 上运行，安全性是必需的，它需要抵御各种攻击和入侵，采用各种策略保证用户数据不被丢失，系统能安全运行。本项目开发时，JSP 页面的设计是在 J2EE 框架中进行的，J2EE 提供了各种安全性策略，可供用户使用，具体表现如下。

第一，针对系统中的不同用户，如系统管理员、教师、学生等，设置不同用户对 Web 资源的访问权限，定义安全域、安全角色和用户。

第二，系统对外发布时，需采用 Tomcat 开源软件，Tomcat 中的安全域是服务器存储安全配置的地方，可以设置安全验证信息，如用户信息或用户和角色的映射关系等。

第三，用户通过 JSP 应用提交请求时，可能受到恶意用户的攻击，黑客主要采用跨站脚本、HTML 注射、SQL 注射等方式进行攻击，为应对上述问题，可以采用过滤数据、强化编码人员安全性等方式解决。

第三节　数据挖掘技术用于高校学生留级预警的思维创新

在信息技术和互联网产业高速发展的今天，科技已经成功引领时代潮流，大数据技术更是其中最引人注目的一项发展。一切以数据说话，万物以数据支撑，造就了今天的大数据风潮。现如今，大数据已经向多领域延伸，完成多方面的资源整合。

一、基于多数据的学生留级预测思维创新

（一）训练集与测试集的选取

在模式识别和机器学习的实验中，通常会把数据集分为训练集和测试集这两个部分。以分类问题为例，我们将训练集代入算法模型中建立模型进行训练，就会得到与该算法相对应的分类器，之后我们将测试集输入训练好的分类器中，就可以评估该模型对目标

问题进行预测时的准确率。

在机器学习实验中，划分数据是一个很关键的步骤，合理划分训练集和数据集才能帮助我们更好地进行模型训练和数据预测。因此在划分时需要按照下列要求：①需要明确训练集和测试集分别在机器学习实验中的用途，训练集使用在建立模型、训练模型和生成分类器的阶段，而测试集是在生成分类器之后用来评估模型性能。②训练集中样本数应该大于总样本数的 50%。③在训练集和测试集的选取过程中，两组子集必须从完整集合中均匀取样，达到均衡性和一般性的要求。

算法要求操作中尽量保证数据均匀划分取样，一般来说很难达到。因此实际过程都随机抽取，虽说随机取样可以在一定程度上做到均匀取样，但是这个做法有太多的随机性和人为可操作性。在实验结果不好或者预测结果不理想的时候，可以重新随机选取其他的划分方式进行实验，直到得到较好的结果为止，这种方法可以达到很好的结果，但是不一定能够正确反映模型的优劣程度。

（二）特征选择

特征选择是指从数据特征中选择一部分特征子集的过程，在处理多数据源时，普遍存在样本维度高、数据量大的问题，冗杂的特征会影响机器学习算法的泛化能力，同时也会降低算法效率。因此在利用多数据源进行学生留级预警研究的过程中，需要利用特征选择剔除不相关和冗余的特征，优化算法，提升模型的推广能力和可解释性。

（三）模型评价指标与验证方法

1. 模型评价指标

在经过了数据分析、数据预处理、训练集和测试集等划分之后，我们需要使用算法和数据来建立分类模型对数据测试集进行研究和预测。要了解预测效果的好坏，我们需要用一些量化的指标来作为参考，通过这些指标，可以对不同模型的预测性能进行评价和对比。因此这里介绍一下在评估模型结果时所使用的一些参考指标。

结合本研究，我们主要分析和预测学生是否留级的情况。因此我们将"留级"定义为正样本，将"不留级"定义为负样本。在评价指标的计算中我们需要用到 TP、FN、FP、TN 这四个数据，因此，我们在介绍几种指标的概念和计算方法之前，首先对这四个数据进行介绍：① TruePositive（TP）：被模型判定为正样本的正样本，即预测为留级同时该学生确实属于留级的数量。② FalseNegative（FN）：被模型判定为负样本的正样本，即预测为不留级但该学生却属于留级的数量。③ FalsePositive（FP）：被模型预测为正样本的负样本，即预测为留级但该学生实际没有留级的数量。④ TrueNegative（TN）：被模型预测为负样本的负样本，即预测为不留级同时该学生确实没有留级的数量。

在教育数据挖掘研究领域，我们通常使用准确率（Accuracy）、精确率（Precision）、召回率（Recall）、F-Measure 和 AUC（Area Under Curve）这五个评估指标来对结果进行分析。在这里的研究过程中我们主要采用的评价指标有 Precision、Recall 和 F-Measure。在基础数据的概念介绍完之后，我们对本研究中使用的评价指标进行推算。准确率（Accuracy）：它表示预测结果中有多少样本被正确分类了，同时包括正确分类的正样本和负样本。精确率（precision）：它衡量的是在被预测为正样本的对象中，预测正确的对象所占的比例。召回率（recall）：它表示的是正确被预测的对象占应该被预测到的对象的比例。

对于任何一项研究，我们都知道 Precision 和 Recall 是对预测结果进行评判的重要指标，不能忽略其中之一只关注另一个。研究者更是希望 Precision 和 Recall 都越高越好，但实际上两个指标的值经常是矛盾的，却又彼此联系。一些时候我们预测结果的 Precision 可以达到很高，但是 Recall 可能不太理想；有时 Precision 较低但 Recall 却让人满意。因此，F-Measure 就是一个综合评价 Precision 和 Recall 的指标。当 F-Measure 值较高时则能说明模型的分类效果较好。

2. 交叉验证

验证算法分类结果的方法之一就是交叉验证，样本数据集依据模型建立和训练时进行分组，可以分为训练集和验证集。依照某种算法对训练集进行训练后得出预测模型，再用验证集对这个算法的效果进行验证与评价。

交叉验证的过程中用到两类数据分别实现模型分类器的训练和模型分类器的效果检验。但是在对这两类数据的划分一般有三种方式，而且不同的方式会对实验的最终结果有不同的影响。

Hold-Out Method：Hold-Out Method 的划分思想是将样本划分成两组，一组作为训练集，一组作为验证集。利用训练集训练模型，并通过验证集分析 Hold-Out Method 划分下模型的预测效果。

此种思维创新方法的优点在于只需把原始数据分为两组即可。但是它没有真正做到交叉验证，只是将样本分为两份，会造成验证结果随机性较大，不能保证验证的可靠性，不具有普遍性。

K-fold Cross Validation（记为 K-CV）：K-fold Cross Validation 方法是将原始数据均分 K 份，依次从 K 份数据中选择一份作为测试集，其他的 K-1 份作为训练集。用 K-1 份数据集训练得到分类器并用另外一份进行验证。反复进行，取 K 次结果的均值作为此 K-CV 下模型的算法效率。当有多个算法模型的时候，对比不同算法的平均结果就可以选出最好的一个模型对问题进行研究和预测。

在研究中最少使用三折交叉验证判断算法效率。通过交叉验证对比可以有效地使用数据集中的所有数据对模型进行评估和分析，帮助选择较好的算法进行实验。

Leave-One-Out Cross Validation（记为 LOO-CV）：Leave-One-Out Cross Validation 划分方法其实是 K-fold Cross Validation 的发展和延伸。上一种方法是将样本均分为 K 份，而 K 的值没有限定。而该方法要求有多少个样本就将数据分为多少份。这样的划分标准相比于前面的 Hold-Out Method 和 K-fold Cross Validation 有更加明显的优势。

该方法的优点在于全部样本都参与训练，可以有效提升模型的准确性，但缺点在于计算成本较高，对环境并行化计算的要求很高，实际操作不容易实现。

二、基于多数据的学生留级预警体系的思维创新

（一）构建基于全程化学业信息的留级预警体系

问卷调查显示，大部分留级生对自己实际学习情况缺乏完整与系统的认知，学生找不到合适的学习方法，无法顺利毕业的情况时有发生，因此构建全程化的留级预警体系是非常有必要的。全程化留级预警体系可以有效监督和鞭策学生，帮助学生顺利完成相关学业。全程化，顾名思义，就是在入学之后，高校教育管理相关部门、家长、学生三方面共同协作，对学生的考勤、选课、重修、成绩、学分等各方面的情况进行考查和督促，帮助学生顺利完成学业，尤其是面对学困生时，可以进行重点帮扶，以规避不好后果的发生。

1. 通过数据挖掘技术建立完整的学业档案，从人本角度提升教育质量

若要健全保障体系、提升教育质量，就需要着重注意学生学业的完整性和连续性。当下高校已经能够完成共享和分析的两项内容分别是网上选课和查询成绩，但在考勤、学分、模块修读情况、课程评价、心理状态等方面还有所欠缺。完整学业档案的建立可以有效地对学生产生辅助监督的作用，学生可以利用学业档案及时把握自己的学习情况，以规避因疏忽导致的学业危机。

2. 构建基于过程的预警体系

教育工作不仅包括高校学生学业方面的内容，还包括对高校学生自我管理能力的培养和提高，帮助高校学生有一个全局的视野，从而能够对自身进行良好的整体规划，好的管理模型可以帮助我们实现这点。教育从来都不是一蹴而就的，是一个循序渐进的过程，相比面对面警告，建立网络预警体系带给学生的压力更小，但就效果而言，面对面警告更胜一筹，所以面对面警告在高校教育管理过程中也是必不可少的。

综上，网络预警体系可以和面对面警告结合管理，在经过完整的分析和多层次、多种类的预警后，建立分级预警机制势在必行。比如可以设立三级预警：黄色预警、橙色预警、红色预警。在不断地给予学生警告的同时，预警级别的不断提高，可以更好地帮助学生逐步改进。预警级别的设立也可以有效地提高学生学习的主观能动性，从而引发

更好的教育效果。比如，学生面对低级别预警时，首先会进行自我调整，但自我调整失败后，面对实际困难诱发的高级别预警，学生可能会倾向于向教师主动求助。基于过程的预警体系的建立，在减轻管理人员压力和提高教育质量方面作用重大。

3. 建立软件分析平台

完整的学业档案和快速软件分析平台分别是教育保障的前提和基础。完整的学业档案是包括了学生整个学业生涯的，若要保证高校教育管理的教育质量，提升高校教育管理的效率，动态的软件分析和查询平台的建立是十分必要的。一方面，基于对学生隐私的保护，网络留级预警体系被提了出来，若要保证学生只能查询本人的学习情况，就需要教学部门在分析平台上做好成绩库独立门户的链接，以便学生独立查询，这是分析平台建设的一部分。另一方面，只有做到实时动态分析，高校教师和学生才能及时而有效地处理潜在的问题，所以建立实时分析系统也是很有必要的。

（二）形成部门合力，协同育人

当前，高校普遍存在的难题之一就是面对学困生的帮扶机制的科学建立与发展。我国高校教育管理通常分为两个方面，一是辅导员主要负责学生的日常管理，二是教务部门主要负责学生的学习管理，两部门通常各司其职。但实际运行下来，若两部门互相协作，从学生的实际需求出发，共同开展育人工作，将会得到更好的教育效果，对教育质量的提升也大有帮助。留级预警机制的建立，可以促进各部门尽快建立预案，从实际情况出发，运用数据挖掘技术，最大限度地为留级生解决实际困难，缓解学业危机。另外，及时的交流和反馈对学生的重要性不言而喻，所以各部门应互通有无、积极协作，从而将偏离学业轨道的高校学生拉回来。

高校教育管理过程中，管理者如果只运用残酷的学籍处理方式监督高校学生的学业，不仅效果不佳，对学生而言也是不小的打击，同时对教育质量保障体系的建设也十分不利。构建人性化的留级预警体系不仅是对高校教育管理资源的一个整合，同时也对高校教育质量的提升有重要意义，因此如何对学困生建立且实行科学有效的留级预警，还需要多多实践与探索。

第四节 数据挖掘技术在高校教师科研管理中的思维创新

近年来，在国家大力推进科技思维创新、不断加大对高校科研投入和高校自身对科研工作高度重视的社会大背景下，对于高校教师的科研管理评价问题引起了高校和教师的广泛关注。科研评价已经成为衡量高校教师科研能力、职称评审、岗位评聘、津贴福利发放的主要依据和学校科研管理以及调控科研活动的重要手段。但至今为止，如何构建公正合理、具有激励作用的教师科研业管理绩评价体系仍然是饱受各方争议最多的问题之一。

伴随着数据挖掘技术在教育领域应用的日益广泛,利用数据挖掘技术实现知识发现,通过知识发现建立以多元目标为导向的评价体系方法,为科研评价问题提供了一种新的研究思路。这里围绕聚类算法在教师整体科研管理能力思维创新评价中的应用问题进行相关研究,目的在于利用数据挖掘中的聚类算法,提出在高校整体层面确定不同群体教师科研水平划分标准的相关方法,为寻找教师科研业绩与个人素质之间的关联规则提供数据支撑,为高校制定人才培养和人才引进政策提供决策支持。

一、问题的提出

教师是高校科研的主体和关键,教师的科研管理思维创新能力和科研水平直接决定了学校的整体科研水平。对教师科研管理思维创新能力和科研水平进行科学、合理的评价,是学校教师评价过程中的一项重要基础性工作和重要内容。

目前,国内高校普遍采用基于综合指数(指标)评价法对教师科研业绩进行评价,即将科研项目和不同类别的科研成果作为主要评价指标,根据各个评价指标的不同权重,将其折算成统一的、可比较的科研当量进行比较,研究的重点主要集中于教师个体的科研量化方面。然而,对于学校而言,由于教师学科属性和所从事科研活动性质的不同,其科研成果通常具有较大的差异性和不可比性。因此,科学确定不同学科、不同教师群体科研水平的划分标准,对于客观评价教师科研水平,有针对性地制定教师培养和人才引进政策具有更重要的意义。

二、教师科研业绩评价指标体系思维创新式的构建

(一)科研评价指标的选取

由于此处重点研究不同学科教师群体科研水平的划分标准,因此,依据教育部学位与研究生教育发展中心"学科估计"标准并结合目前高校的一般性做法建立本研究的科研业绩评价指标体系。

(二)科研业绩评价指标的当量积分计算规则

在教师科研业绩评价指标体系中共设置4个一级评价指标,分别为科研项目、学术论文、学术专著和成果专利,一级指标下共设置13个二级指标,各项指标的当量计算规则设置如下。

1. 科研项目

科研项目按项目经费来源划分为纵向科技项目和横向科技项目。其中，纵向科技项目指由国家财政性经费支持的科研项目，按学术影响程度从高至低依次划分为 Z1、Z2、Z3、Z4、Z5 五级。Z1 级项目为国家级重大、重点科技计划项目（课题），Z2 级项目为国家级一般科技计划项目，Z3 级项目为省部级一般科技计划项目，Z4 级项目为厅局级科技项目，Z5 级项目为其他一般纵向科技项目。横向科技项目指利用非财政性经费委托开展的各类技术转让、技术开发、技术咨询、技术服务类科技项目。横向科技项目按项目经费额度从高至低依次划分为 H1、H2、H3、H4 四级。

2. 学术论文

学术论文是科研成果的常见形式之一。学术期刊论文按其发表期刊的学术影响从高至低划分为 A、B、C、D 四个等级。其中，A 类为 SCI 刊源文章，又可按分区细分为 A1、A2、A3 和 A4；B 类为 EI 刊源文章；C 类为国内核心期刊文章；D 类为其他一般期刊文章。

3. 学术专著或成果专利情况

由于学术专著和成果专利涉及人数较少，且部分学科考察出版学术专著情况，部分学科考察成果专利转化情况，因此为简化处理将二者合并为一个指标项。其中，学术专著一级指标分为专著、编著、译著和科普著，并根据著作的出版社级别，即国家级出版社和其他出版社进行当量积分计算。专利依据类型分为外观设计专利、实用新型专利、国家发明专利和国际发明专利等二级指标。在这里，理工类许可考察成果专利情况，人文、管理类学科考察出版学术专著情况。

三、基于聚类算法的教师科研思维创新式的指数构建方法

（一）基础算法选择

科研指数即某类教师的总体综合科研水平。针对实验数据所反映的教师科研业绩数据的基本特征，这里选择利用 PAM 算法进行教师科研指数的构建。

PAM 算法是一种 k-medoids 的基础算法，相对于 k-means 算法，PAM 算法不易陷入局部最小值的情况，其算法思想和基本步骤如下。

PAM 算法思想：先为每个族随意选择一个代表对象（中心点），剩余的对象根据其与代表对象的相异度或距离分配给最近的一个族。然后反复地用非代表对象来替换代表对象，以提高聚类的质量；聚类质量由代价函数来评估，该函数用来判断一个非代表对象是不是当前一个代表对象的好的代替，如果是就进行替换，否则不替换。最后给出正确的划分。

PAM 算法的基本步骤：Step1：在 n 个对象中随意选择 k 个对象作为初始的中心点。Step2：repeat。Step3：指派 n-k 个剩余的对象给离它最近的中心点所代表的族。Step4：为每一个对象对 0i，h 计算总代价 TCih，此处 0i，是当前中心点，h 是非中心点。Step5：找出所有对象对 0i、Oh 的总代价 TCih 中的最小值 minTCin，如果 minTCih 是负值，用 Oh 替换 0i，形成新的 k 个中心点集合。Step6：until（minTCih>0）。Step7：指派 n-k 个剩余的对象给离它最近的中心点所代表的族。PAM 算法虽然不易陷入局部最小值的情况，但是还存在一些缺点，比如聚类个数不确定等问题，因此须对聚类离群点和聚类个数问题进行进一步的深入研究。

（二）聚类离散点检测

聚类离群点是指样本空间中与其他样本点的一般行为或特征不一致的点。之所以要进行离群点检测是因为：第一，离群点可能会导致聚类结果不理想，影响聚类结果的客观性；第二，离群点本身可能也体现了一种现象，因此离群点对于真实数据的分析具有很大的实际意义。此处采用基于密度的离散点检测方法来发现聚类离散点。这是因为基于密度的离散点检测方法不是将离群点看作一种二元性质，即不简单用是或者不是来断定一个点是不是离群点，而是用一个权值来评估它的离群度，这样的好处在于不用预先知道数据空间的分布特征，同时适用于多维度数据，这就使得当空间数据分布不均匀时依然可以准确发现离群点。

（三）聚类个数的选择

划分式聚类对聚类数比较敏感，不同的聚类个数得到的聚类结果差距很大。为了最大限度地体现出数据的自然结构，使聚类结果更具客观性，需要对聚类个数的选择进行研究。本研究采用轮廓系数的方法来确定聚类个数。该方法结合了凝聚度和分离度，可以以此来判断聚类的优良性，其值在 -1~1 之间，值越大表示聚类效果越好。依据这个原理，计算时可以尝试用多个族参量，反复计算在每个族个数条件下的轮廓系数，当轮廓系数取最大时，其相应的族个数是最好的。

第七章 基于新媒体环境的高校教育管理思维创新

第一节 高校基于微信公众号的学生管理思维创新

一、加强高校网络安全知识的传播思维创新

（一）引导高校自媒体发挥在正面网络舆情发布中的积极作用

网络舆情范围广泛、传播速度快、功能强大，容易引发学生群体性事件，容易使得学校形象受到影响。高校网络舆情在自媒体时代，传播力和影响力不容忽视。几乎每个高校都在微信上有自己的公众平台，高校学生管理工作者合理地规划和适度地控制微信公众号，利用舆论引导正能量消息的传播，积极与学生进行互动，并开展各种有组织的、创造性的主题活动，牢牢把握主动权。校园微信公众号，将成为新的手段、工具来进行思想政治教育管理思维创新，对高校自媒体在网络舆情发布中发挥正面积极的作用有着重大意义。

（二）建立多层级互补合作，确保学生工作的全覆盖和高效率推进

媒体队伍的形成可以提高学校教育和学生管理在媒体传播思维创新方面的效果。一方面，在校园文化建设、心理健康教育、就业规划创业指导等方面，管理者根据学生习惯、学生爱好和学生兴趣安排各种教育材料，开展信息管理；另一方面，团委学生会、高校学生社团聚集微信公众号上，积极的信仰、态度和情感，与学生保持频繁、广泛的接触，从自媒体微信公众号上加强互动性和合作性；宣传、教学、后勤等关键部门是高校网络舆情工作参与的重点部门，也应该成为舆论工作的重点，因为高校基于微信公众号的学生管理思维创新是特别注意、甄别的，信息发布要认真甄别，加以联动。

二、强化高校微信公众号的运营管理思维创新

（一）合理定位平台，建设高校服务性微信公众号

自我管理和建设的高校自媒体平台，要科学规划和合理定位。高校自媒体平台，要以思想道德思维创新教育和心理辅导为主要功能，可以用新闻和信息为主要特征的传播来建设微信服务工作平台。高校管理者操作官方微信公众号，可以结合高校的实际情况，设置不同的类型，不同的功能、形式，结合主账号的子账号数目不同，但是一定要呼应主账号，相互配合。如学校团委、教务处、后勤处、学生处、办公室、宣传部、校学生会等官方微信账号联动的发布与管理。基于自媒体微信公众号的高校的学生管理思维创新先考虑自身定位的问题，再确定为学生服务的内容和推送的方式，及时收集学生的反馈意见和建议，更进一步地改进。这样能更有效地进行学生管理，达到事半功倍的效果。

（二）丰富议题内容，提升高校微信公众号网络教育特色

目前，传统高校微信公众号主要用于校园发布消息、学校的通知，在校内是宣传和传播的功能，是一个以学校为基础的自媒体平台，这样一来，还达不到学生管理思维创新的目的。高校要从自媒体平台上容易被学生接受，就必须站在学生的角度去思考问题并解决问题，对学生要具有亲和力，可以用一些平易近人的方式以及风趣幽默、活泼生动的语言，以吸引学生主动去了解、主动去关注的方式加强学生管理。还可以设置一些贴近学生生活的栏目，学习、就业、创业、爱好和其他主题的微信公众账号，用诙谐的图片、发人深省的话来改变媒体的刻板印象以及发布原创信息，同时保持严谨务实的特色。站在丰富议题内容的角度，可以将自媒体发布的平台信息分为以下几类思维创新的方式。

1. 提供的议题内容具有一定的实用价值

各种与学习相关的考试，从解读到指南再到查询成绩，这些都是具有实用性的文章。还有在毕业季，可以增加就业信息和创业指南等方面的内容来吸引学生阅读和转发。根据不同的实际情况、不同的学生群体需求，做不同的调整，以达到最佳效果。

2. 提供的议题内容具有一定的教育价值

第一，管理者可以通过自媒体微信公众号推送优秀的个人和集体的先进事迹的内容，最大限度地发挥激励机制的有效性，对大学生产生积极的影响和树立道德榜样。第二，学生可以利用排队时间、课间时间、等车时间等碎片化的时间。管理者可以选择推送短篇的文章、教育图片、教育漫画、教育视频，对学生进行零散式教育。第三，可以对学生进行集中式教育，在某个时间段或者时间点开展学习活动，发布热点议题，如"聚焦全国人大和政协"和"雷锋模式"，以提高大学生的社会主义核心价值观教育。

3. 提供的议题内容具有一定的娱乐价值

诙谐幽默、活泼生动、通俗易懂、新鲜有趣、富有创造力的文章和话题向来是受大学生欢迎和喜爱的。其中，在推送的内容用有趣新鲜的方式表达的同时，能够满足学生各方面的需求，如社会实践、志愿服务和学校社团活动，这种话题能满足学生的社会需求。又如美食和校园趣事的推文，能够满足学生的生活需求。还可以配合学生的爱好兴趣，通过自媒体微信公众号的思维创新，讲究人文关怀，从以人为本，为学生着想的角度出发，换位思考，管理者以学生的角度为出发点，充分为学生考虑，如天冷提醒学生添加衣服注意保暖、考研前发布鼓励信息等。

（三）提高微信公众号后台技术和功能性，开发多样的平台推送形式

微信公众号的后台操作相对复杂，需要强大的技术支持，这是实现创新的关键。目前大部分高校微信公众号的技术运营团队实际情况是很薄弱的，管理者应重点加强技术培训，积极引进艺术、计算机等专业技术人员，加强网络传播管理队伍的建设。根据当前大学生的个性和兴趣，跟大学生多多互动沟通，了解他们真正的需求，开发多样的平台推送形式，保持对高校微信平台的新鲜度以及对高校微信平台管理的认可度，才能更好地为学生管理工作服务。

三、加强高校网络传播管理的队伍建设思维创新

（一）提升网络传播管理者的自身素质

提升高校思想政治教育工作者的媒介素养，可以帮助学生增强处理媒体信息的能力。为了更好地提高大学生的媒介素养，需要不断提高自身的媒介素养，让学生在复杂的媒体信息中，面对纷繁、重复、大量以及各式各样的信息，可以选择有用的信息；大学生思想政治教育工作者的媒介素养，可以帮助学生抵制通过媒体传达的西方意识形态的侵蚀，帮助他们抵制不良信息的侵入以及坚定对社会主义的认同；思想政治教育工作者的媒介素养，有利于加强网络思想政治教育对自媒体的重视。对大学生的心理、情感、兴趣、思维等变化要有所把握，改进方式方法；高校应该开展微信公众号上的思想政治教育思维创新课程，利用假期，鼓励高校教师开展网络素养教育。反过来，设置网络素养的培训课程，也能提高教师的思想政治工作队伍的整体思维创新与素质教育，加强自我学习和自主学习的能力，提高网络质量和网络素养。

（二）优化校园微信公众号团队建设

校园微信公众号是一个虚拟的网络产品，是由人控制的，人掌握信息的传播，所以需要对人进行管理，尤其是对管理者的管理，而不是对微信公众号本身的管理。面对海

量信息，整合内部资源，通过制定规章制度管理学校，培养一个专业的微信自媒体团队以及年轻有活力的志愿者团队。对员工培训的实施，设置引导舆论趋势的专职人员等。由这些群体组成的微信运营和管理组织，编辑日常内容、丰富在线内容，确保微信平台正常、安全、有效运行。只有提高校园微信公众号团队的建设，使其真正成为校园文化的领导，充分发挥微信公众号在校园的影响，才能在自媒体时代引导大学生认知更多元的价值观、人生观和世界观，传递正能量。

四、构建高校微信公众号的后台管理机制思维创新

（一）党委宣传部领导下的学生自主管理

近年来，微信自媒体的不断发展，教育部门积极探索利用微信公众号等自媒体手段，微信公众号已经成为教育宣传的重要平台。现在，微信公众号后台，管理者可以在任意时间段查看用户数量和用户属性，分析统计用户关注人数增长或者减少；可以研究对阅读人数、转发人数的分析等有关统计，使统计更加全面和深入。高校微信公众号是大学文化和特色的继承，其每天的推送内容，无时无刻不体现学校形象和展示其内涵。大学微信公众号可直接与教学管理系统连接，使学生可以上网在微信公众号里查看自己的课程考试结果、选修课等。学校应该做好微信公众号内容推送的监管工作，在学校党委宣传领导下，做好线上线下宣传工作，提供有力后台支持。

（二）以学生为本，服务为先

微信公众号推送的信息有校内新闻和校内话题等。微信公众平台在校园的内容，一般而言，有校园新闻、原创的文章和图文并茂的消息。微信公众号对学生用户的吸引力日益减少的原因就是重复的图文推送形式。作为一个具有学生管理平台作用的微信公众账号，应该推送各种形式的消息，灵活变通，积极开发其他功能以及对微信公众平台后台技术的处理。拥有强大的技术支撑，才能实现思维创新。管理者应该加强管理者思想和技术的培训，积极引进美术、中文、技术方面的人才，加强网络传播管理队伍建设，才能更好地为学生管理工作服务。

高校微信公众号管理应更加重视校园新闻的及时性、校园活动内容的准确性以及学生服务内容的全面性，不是简单地敷衍或者抄袭他人的作品，而是认真地编辑真正的新闻和原创文章。同时，高校要开辟新的有特色的栏目和原创文章，来吸引学生。除了这些，还可以增加学生感兴趣的话题，如娱乐、星座、创业、职场等信息。还可以通过将学生的微信账号和教务账号进行绑定以及进一步增加后勤服务功能和图书馆功能，利用微信平台提供的高级接口，实现教学管理的校园移动办公自动化，同时又能满足学生的学习移动生活。总而言之，以学生为主，激发学生的个性和思维的创造力格外重要。

以服务为先。第一个是服务在校学生。日常生活中，餐饮服务、校车服务、图书服务等跟学生生活密切相关，学校后勤部门应该构建一个服务型微信公众号，使在校学生既能专心学习，也能无忧生活，形成一个积极向上的校园氛围。第二个是服务毕业生。就业是高校毕业生关注的热点，可以联合企业和事业单位等用人单位在微信公众号中共同推出就业板块，在校园网络的支持下，为学生提供最新的招聘信息，提供一个帮助毕业生看清目前就业形势以及对目前就业政策解读的栏目，帮助学生就业发展或者创新创业，并且提供给学生就业指导和职业规划的信息，帮助学生了解就业的注意事项，实现全过程和全方位的服务，为大学生提供及时的、最新的就业辅导，以增加他们的就业机会。

第二节　校园微博文化视野中的高校班级管理思维创新

一、微博对班级管理思维创新的影响机制分析

（一）"关注"功能的影响

微博的"关注"功能，很自然地建立起双向的互动模式。从积极的方面来讲，辅导员、班主任可以通过微博关注自己的学生，及时掌握学生的思想动态、生活变化；同时，发动学生广泛使用微博，并关注辅导员及班级其他同学的微博，这样保证每一位使用微博的同学都能够更了解辅导员的工作和想法，增进对老师的理解。通过微博的"关注"功能，老师和同学能够实现良好的沟通互动，突破思想上的隔阂与代沟，保证班级管理思维创新的顺利进行。从消极的方面来讲，如果学生微博的"关注"不是积极的、正面的、帮助其成长成才的对象，则可能对其身心产生不良影响，导致思想出现偏差。

（二）"评论"功能的影响

在微博世界里，匿名特性使得微博使用者能够说出自己的真实想法，从积极的方面来讲，教师通过对学生的微博发表评论，进行上下沟通，形成反馈意见，对于从中发现的学生思想困惑以及出现的心理问题，及时给予正确的引导或采取其他相应措施及时解决问题，从而使自己的学生管理工作能做到有的放矢，增强时效性和针对性。同时，对于学生微博中表现出来的消极情绪和失当言论，老师可以通过评论的方式进行监督，纠正其错误言论，引导学生形成正确的人生观、价值观。

从消极的方面来讲，评论的匿名性会呈现"乱哄哄，你方唱罢我登场"的局面，对某一事件有正面的、积极的评论，同时也会有大量断章取义、无中生有、歪曲事实的负面评论。另外，那些粉丝众多的博主的评论会受到格外的关注，无论他们评论的内容是

否正确、合理，评论会获得更多的关注，关注会催生更多的评论，这样便促成了另一种权威，这种权威无关内容的对与错，只涉及对象的多与少。这种现象也会影响学生的价值判断。

（三）"转发"功能的影响

微博的"转发"功能可以让用户把自己喜欢的内容一键转发到自己的微博，还可以同时加上评论。从积极的方面来讲，辅导员可以将学生工作中的相关通知、活动信息和教育资料等信息"转发"给"关注"自己的学生，再利用学生间的互相"关注"来传播信息，从而提高日常工作效率。另外，将与学生密切相关的热点问题通过转发加评论的形式传递到学生中去，引导学生关注某一重大事件和话题，并展开积极讨论。从消极的方面来讲，转发是拷贝原信息后的大量传播，更多的时候，转发是应"求转发"而转发的，转发的人并未仔细考虑是否应该转发，只是顺手转发到自己的微博中，因此，转发的功能给虚假信息、不良信息的传播提供了温床，大量转发的信息产生的由点到面的扩散效应轻而易举地将主旋律的声音淹没，于是博主在无知中悦然转发，听众在无知中欣然接受。

二、微博文化视野中的高校班级管理思维创新内涵

（一）微博文化视野中的高校班级管理思维创新目标

微博的出现，为高校班级管理提供了一种新途径。利用微博为师生搭建一个相互交流的平台，成为高校班级管理的新趋势。在此过程中，首先我们要明确管理思维创新的目标，这对有效地进行高校班级管理思维创新有着指导性意义。

班级管理思维创新的核心目标是学生的发展，高校班级管理的实质就是让学生的潜能得到尽可能的开发，其效力的提高需要加强信息化建设。微博的使用无疑给学生提供了一个思想交流、资源共享和互助互进的平台。微博班级管理是将微博运用于教育管理领域，以班级为单位建立集体微博，由班主任/辅导员和学生共同参与的管理思维创新模式，这就拉近了班主任/辅导员与学生、学生与学生间的距离，使得管理更为深入、细致，实现了二者的零技术、零障碍的交流。

高校微博班级管理目标，总体而言，就是要追求班级管理的最大效益。辅导员、班主任除了与学生进行面对面的交流外，班级微博可助其跨越时间和空间的限制，从学生更易接受的角度进行班级内部的深入了解和平等交流。通过微博的互动走进学生内心世界，发现每一位学生的特长，同时也能及早发现问题并予以纠正处理。微博即时性的表达功能和便捷的互动交流功能不仅能提升班级思维的活跃度、增强班集体凝聚力，同时也使德育工作的开展更为人性化。

（二）微博文化视野中的高校班级管理思维创新内容

1. 思想政治观念管理思维创新

微博中信息发布和互动专栏的多样性特点，使之成为数字化时代大学生思想政治教育的新形式。通过发布与时事政策相关的班级微博、调查投票、回复与辩论等互动，引导班级学生对社会焦点进行关注和思考，培养学生的爱国情操。作为德育工作者，应该抓住时代的脉搏，抓住学生的兴奋点，有效运用微博这个集体平台来实现管理工作的新突破。

2. 目标与心态管理思维创新

在微博网络文化环境下，大学生理想人格被赋予了新的标准：在信息浪潮中，能够具备信息辨别和解读能力，养成良好的自我意识；在虚拟空间中，能够保持人格尊严和自我尊重，维持和谐友好的现实人际关系；在微博网络民主气氛中，关注、转发的信息文明健康，能积极参与文明社会的构建；在微博网络校园生活中，能够更加努力地学习专业知识，充分利用微博实现知识的实时更新。

3. 教学信息管理思维创新

在班级微博上，可以共享各任课教师的基本情况、班主任情况、学生情况、班委会情况、班干部情况等。除了教学信息的公示传达外，更重要的是对教师的教学效果进行监督，教学质量的好与不好，都在微博平台上得以体现并迅速传播，避免了学生有意见不敢提，不方便提的局面。其客观上对教师的"教"是一种督促和反馈，有利于教学相长。

4. 班级常规管理思维创新

在班级常规管理中，所涉及内容包括奖助学金、评优评干、考试报名、活动安排、个人信息、就业与考研等，学生只要登录微博就能清楚地了解本班的最新动态，及时获取最新的班级通知与活动组织信息，这就避免了信息传递的不及时和不到位，同时也提高了工作效率，是能够实现师生之间双赢的管理方式。

（三）微博文化视野中的高校班级管理思维创新特点

1. 公开性

对于班级管理而言，公开、公平是十分重要的方面。班级是组成学校的最基本的单位，组成班级的是班级学生个体和教师等。班级微博的发布能够面向所有班级成员，一定程度上使得班务更加公开透明。而班主任或班级辅导员也可以将与班级建设和管理相关的信息发布在微博上，保证了信息的流通与量化、公开与透明，同时能够使班级决策具有说服力，增加班级凝聚力。

2. 民主性

理想的师生关系基本特征是"民主平等、相互配合、共享共创"。班级管理的民主性体现在相互尊重人格和权利、相互理解、平等对话上。利用微博进行班级管理思维创新比传统的班级管理更能吸引班级同学的参与。通过网络图像、表情、视频等媒介给网上班级活动带来更多乐趣。它比制度约束更能发挥作用。在微博中，学生是自由的，可以出谋划策，真正实现自主性；学生也可根据自己的实际情况去选择想要了解的内容，而不是被迫接受。因此，其更容易调动学生接受教育的主动性，更容易发挥他们的能动作用，也有利于受教育者的个性发展。

3. 开放性

利用微博进行高校班级管理是一种开放式的管理，在微博上，教师和学生，教育者和被教育者，管理者和被管理者的身份有所差别。在这里的管理者并不一定是领导教师，可以是班级中的任何一个学生，学生可以根据自己的兴趣爱好进行发表，表达最真实的自己。对于班级博客的管理和维护，每个人都能够参与。

4. 互动性

互动性是利用微博进行班级管理思维创新的一大特点。在微博上，每一个参与者都可以在微博上表达自己的观点，发表一些感兴趣的话题，利用电脑、平板、手机上的微博客户端在任何时候、任何地点参与讨论，加深彼此的了解。而且这些讨论都会记录在微博上，供其他人查询和阅读，它有可能成为一个知识的精华区；在他人的微博上，学生也可直接点击进入，开拓了信息交流渠道。

第三节　新媒体环境下高校网络舆情管理机制创新

一、高校网络舆情管理创新的指导思想与基本原则

（一）指导思想

党的十八大提出要"加强和改进网络内容建设，唱响网上主旋律，加强网络社会管理，推进网络规范有序运行"；党的十八届三中全会也强调"必须切实转变政府职能，创新行政管理方式，增强政府公信力和执行力，建设法治政府和服务型政府"，因此高校面对网络舆情，应当要有回应、有担当。高校与社会关系日益密切，关注度和期望值也持续走高，高校肩负着社会使命和社会责任，教育主管部门和高校应该从社会责任出发，有效提高管理创新能力，站在提高自身形象的角度，积极做好网络舆情管理工作。

（二）基本原则

1. 用事实说话，信息公开原则

高校应当加强信息公开工作，充分利用有效途径与网民保持良好的沟通和接触，充分尊重网民的知情权，即时发布官方信息，对网络质疑的内容主动解答，形成良好的互动，满足网民的信息需求，避免谣言等网络舆情滋生。

2. 真诚沟通，以人为本原则

在网络舆情应对中，要尊重网民的知情权和监督权，并结合网络舆情反映的内容，及时做好解决措施，把师生利益、高校形象作为决策的依据，最大限度地赢得网民、社会和师生的支持，共同努力解决网络舆情带来的负面影响。

3. 统筹协调，快速反应原则

网络事件发生后，马上能形成官方有效的回应，有效防止事件的进一步扩大。在高校网络舆情管理中，要求热点问题和重要舆情涉及的高校作为第一责任主体，学校负责人为第一责任人，快速组织各部门协商处理，明确工作，分头落实，积极回应。教育主管部门也要指导好高校应对工作，提高网络舆情应对的科学化水平。

4. 把好导向，维护校园稳定原则

教育主管部门要客观地分析网民关心的热点问题，能及时发现和回应不实信息，在第一时间发布准确信息，掌握网络舆情的主导权，释放正能量，降低不良影响，维护校园稳定。

5. 形象建设与危机处理并重原则

当处理网络舆情时，要立足于政府和高校自身形象建设，与网民进行良好的互动，听取网民对高校管理工作的建议和意见，并对暴露的问题，有效整改，及时通报，使教育主管部门和高校更加具有公信力，这样能提高教育主管部门和高校的自身管理创新水平，得到社会更多的支持和拥护，提升形象。

二、转变政府管理创新理念，正确认识高校网络舆情管理

（一）高校网络舆情是现实问题的反映

研究显示，网络舆情的产生大多数是现实社会矛盾问题的反映。由于存在网民对社会的习惯性批评和负面信息容易传播等因素，网络舆情传播速度迅猛。在现实社会中，高校网络舆情管理同样要着眼于教育主管部门和高校的现实管理，要多跟实体部门沟通，处理好实体事件，将线上线下工作相互联动，以求网络舆情问题的解决。

（二）用好网络舆情双刃剑，服务政府决策是根本

网络舆情是把双刃剑，一方面是网络谣言、网络暴力、舆情危机事件等问题，但同样网络舆情也能反映网民智慧、合理化建议，有助于政府部门和高校做出正面的决策。在现实管理中，政府出台的政策总有人会在网络上评论，有些是情绪发泄，有些是中肯的观点表达，有些是高屋建瓴的意见提供，只要是从群众利益出发，符合管理实际的，都应该支持，并且采纳到政府的管理决策中去。引导网民积极参与政务，提出合理的建议和对策，为高等教育事业发展和社会稳定营造良好的舆情环境。

（三）转变政府工作理念，用好互联网思维指导工作

在互联网日新月异的发展过程中，我国迎来了大数据时代，智慧城市、智慧校园等建设突飞猛进，高校网络舆情管理也需要教育主管部门有"互联网+"思维的创新意识，善用互联网新技术，用"互联网+"思维，加强教育主管部门和高校的信息公开工作，将工作模式互联网化，多渠道宣传相关政策，深入跟踪和解读政策信息，预防谣言的滋生。同时教育主管部门领导和高校管理创新队伍应主动与网民互动，加强网络沟通，倾听意见和建议。

高校网络舆情还应引入网络舆情监测技术，目前国内网络舆情监测技术已有飞速发展，如中国人民大学、复旦大学、上海交通大学、清华大学、北京大学等高校目前已经建立舆情研究所，复旦大学的CATI调查系统、北京大学的EPR网络舆情应对平台等网络舆情监测和管理平台都有助于提升高校网络舆情管理的技术化水平。

三、加强政府引导创新，提升高校网络舆情管理队伍建设

（一）成立政府、社会、高校三方协同的管理创新架构

教育管理部门应当成立高校网络舆情工作领导小组，内设高校网络舆情管理中心，负责日常高校网络舆情管理事务，主动回应高校网络舆情的问题，形成政府主导性作用，同时借助社会第三方和部分高校专业网络舆情监测中心的力量，对高校网络舆情进行监管。

教育主管部门要制定政策，要求高校内部形成网络舆情管理队伍，高校党委班子成员按照"一岗双责"的要求，对职责范围内的意识形态工作负领导责任，形成以学院党政一把手挂帅，宣传部作为职能部门，各分院、学生处、教务处、团委、保卫处协同的管理体系，并专门成立网上信息调研队伍对各类论坛、微信群、QQ群等信息进行广泛收集。负责网络舆情引导的队伍，可以由学校的思政教师、心理教师、学生辅导员、德高望重的专业教师、法律老师、优秀学生干部等组成，专门负责日常网络舆论的引导工

作；建立专业的网络舆情信息收集核心团队，配备专职人员，收集并分析高校网络舆情信息。

（二）加强培训工作，提升网络舆情管理员素养

要做好高校网络舆情管理创新，人才是第一关键。教育主管部门要组建专家库，从专业角度加强网络舆情管理；同时指导高校设立网络舆情管理员岗位，网络舆情管理员要具备较强的政治、专业、心理等素质和职业素养，才能应对当前复杂的高校网络真情管理工作。教育主管部门要定期开展网络舆情管理员的培训，制订年度培训计划，对区域高校内网络舆情管理员进行系统培训，提高网络舆情的监测、过滤、屏蔽技能，发挥网络舆情管理员的网络舆论引导能力，对于重大突发的网络舆情做好解释工作，引导网络舆情往正面有利的方向发展。教育主管部门每年进行优秀网络舆情员评选表彰，高校内部同时做好评选，并与绩效考核挂钩，打造出一支素质、政治、技能过硬的网络舆情管理队伍。

（三）培养合格的新闻发言人

2015年8月，教育部发布了《关于进一步加强教育新闻发布工作的实施意见》，确立了高校新闻发言人制度，并确定高校主要负责人为新闻发布工作的第一责任人，带头接受采访，把握方向，解决问题，引导舆论。业务部门本着"谁负责，谁主管"的原则，不包底、不隐瞒，公开透明地做好新闻发布。在建立新闻发言人制度的同时，要对新闻发言人进行培训。新闻发言人在发言时，要围绕政府执政为民的指导思想，要以人民的根本利益为根本；要有一定的媒体素养，在发言时表现亲民，将官方的意思明确表达，语句精练严谨，避免再次引发网络舆情危机事件。

（四）建立网络舆情研判队伍

教育主管部门应当形成一套对高校网络舆情管理的研判机制，建立一支网络舆情分析队伍，他们的要求是政治过硬、沟通能力强、业务素养高；还需要对网络舆情的研判有一个较科学的研判流程。通过收集、分析、鉴定，最终形成舆情报告，需要有一个层层把关、沟通的过程，准确预判舆情的走势，提出问题的根源和解决的办法。在舆情报告中体现解决问题的对策，使教育主管部门和高校在网络舆情处置过程中的决策更加有效、精准。

综上所述，高校网络舆情管理队伍建设是需要建立在教育主管部门和高校联合的基础上的，需要从教育主管部门出发，成立高校网络舆情管理中心，建立第三方网络舆情监测中心，管理高校网络舆情；在高校层面应有分管领导牵头，设立网络信息中心、宣传中心和舆情应急处置指挥中心。网络信息中心主要是对网络实名制、网络监管、网络

舆情的信息收集；宣传中心主要是信息公开发布、网络舆情研判和预警；舆情应急处置指挥中心主要是新闻发言人和各职能部门，联合组织应对处置网络舆情。

四、完善政府对高校网络舆情管理创新的制度建设

（一）完善高校网络舆情管理创新的规章制度

2015年我国出台《互联网等信息网络传播试听节目管理办法（修订征求意见稿）》《关于规范网络转载版权秩序通知》《互联网用户账号名称管理规定》《中华人民共和国网络安全法（草案）》等多条法律法规。但从高校网络舆情管理制度而言，需要在实际工作中不断完善规章制度。

从实际管理操作层面来看，高校要按照教育主管部门要求落实校园网实名注册、校内官方网站和微信订阅号的备案机制，设置信息审核制度。对各部门和分院制定网络舆情的管理职责，制定校园网络舆情的检查制度值班制度、汇报制度以及岗位责任制度。对于广大师生要按照《全国青少年网络文明公约》《文明上网自律公约》等法律法规，引导师生文明上网，依法约束自己的网络行为。高校网络舆情管理条例同样要写入高校《章程》《学生手册》等管理规定中去，在制度上保障网络舆情管理。

英国在互联网管理中，有一部《通信监控权法案》，其中就涵盖了网民网络违法的相关条例，通过法律来约束网民的网络行为。面对高校网络舆情出现的网络谣言、网络诽谤、网络暴力等现象，需要按照法律法规严肃处理，严厉打击网络犯罪。对属于违法行为的网络舆情事件还需要通过网络警察监控，对案件进行依法审理。建议教育主管部门，一方面加大对网络真情监管类法律下达学习任务，在高校中通过讲座、宣传册等形式充分宣传教育，同时可以将网络舆情作为一门教育课程纳入高校课程体系；另一方面要加强监管力度，严格按照网络舆情法律法规，配合公安等部门公正执法。

（二）加强高校信息公开制度的创新建设

教育主管部门要大力建设微政务平台创新，善于应用新媒体发布权威消息；同时制定政策，要求各高校建立官微体系，如学校、各分院、团委学生会、招生等官方微信，并就信息发布、点击等情况做考核要求，拓展新媒体的应用，巩固宣传阵地建设。教育主管部门还可以对高校进行年度考核，评选出"十大高校官微"，并对各高校官微建设进行排名，对排名靠后的高校提出指导性意见，并落实整改。积极应对多元文化、社会思潮对校园宣传文化和校园意识形态的冲击，努力发挥宣传文化阵地的正面引领作用，把握舆论主导权。通过建设好"政府教育部门—高校"两级官方网络平台，在网上与社会、高校师生有效沟通，满足他们的知情权、参与权、监督权，这样不仅能消除误解，更能提高教育主管部门的管理水平，吸收民智，提升教育管理工作。

教育主管部门还要不断推进高校按照教育部《高等学校信息公开事项清单》，落实10大类50条事项的信息公开。充分利用高校宣传窗、广播站、讲座、论坛、学术报告、网站、微博微信易信新媒体等，做到责任落实，谁主管谁负责，不留死角，不留盲区，重大事项执行严格的审批制度。还要做好网络舆情的跟踪管理，尤其是网络舆情突发事件，仅靠有限的几条政府和高校的官方发布是远远不够的，还需要在此基础上打好组合拳，可以借助新闻媒体的解读、电视采访、有影响力的专家解读、论坛的跟帖解读等，向社会公布政府的工作进程、解决办法和效果等，赢得社会的支持，使舆情最终能得到化解。

（三）建立完善的问责制度

教育主管部门要制定对高校网络舆情事件建立问责制度，要在第一时间进行认真的调查，及时向公众反馈，根据人民网舆情监测中心指出的新媒体网络舆情事件处置的最佳"4小时"范围，进行该方面的过程管理考核。教育主管部门对高校党政领导的"一岗双责""党建责任制"等均要有所体现，在问责制度上予以保障，对引起相关高校网络舆情事件的相关人和单位进行问责，并及时向社会反馈问责结果。在问责的过程中，利用新媒体平台广泛收集民众意见，准确把握和预测舆情的走向，合理化解负面影响，防止舆情反弹。

教育主管部门还要按照高校的"安全稳定隐患排查化解工作制度"的总要求，做好网络舆情工作的重点部署、排查、整改工作，确保校园和谐稳定。要注重师生网络道德法制教育，动员师生积极学习一定的法律基础知识，用网络法律来约束自身的行为。

五、加强监测创新技术，完善网络舆情采集工作

（一）加强网络舆情监测创新技术

高校网络舆情的出现成因是复杂的，为及时了解高校网络舆情信息，应当建立实时的高校网络舆情监测机制，密切关注校内重点网站、论坛、微信群、QQ群等社交网络。提高校园网络监控的技术水平，提升高校网络舆情管理水平的现代化。目前绝大多数高校都通过校园网络使用登入备案的客户端实名认证和校内论坛实名注册，保留上网日志记录，实现网络创新管理。

在大数据时代，高校网络舆情监测除了人工采集还需要有大数据采集分析平台，要加大高校网络舆情监测的投入。高校应当加大对网络监控的技术建设，添置校园网络舆情监控设备，利用技术手段对网上不良和非法内容的舆情信息进行封堵和过滤，同时聘请第三方协同管理。教育主管部门制定政策，要求高校加大在网络舆情监测上的投入，同时划拨专项经费，并检查高校整改落实情况，树立典型，推进高校网络舆情管理技术能力的提高。

（二）完善网络舆情信息报送机制

教育主管部门在建立高校网络舆情组织建设时，应加强对高校网络舆情信息的收集制度，每所高校1~2名舆情信息员，高校可以按照需要设置各部门、各分院的舆情信息员。每天由各高校舆情信息员推送网络舆情报告，经过整理和审核，报送教育主管部门领导，做工作批示。按照批示要求，传达至相应的部门、高校等贯彻落实，对于较重要的高校网络舆情还应报送教育部、省委宣传部、公安局等处理。建议区域范围内设立《教育舆情信息》内刊，开展网络舆情收集工作，通过网络舆情的收集来预防高校网络舆情的发生。教育主管部门和高校要把收集到的高校网络舆情做出整改，并及时回应，提出明确的处置意见，并及时办理。

六、健全创新机制，提高高校网络舆情处置能力

（一）形成政府、高校联动的工作机制

在高校网络舆情的监测、收集、处置过程中，需要建立一支"教育主管部门—高校（舆情管理指挥中心）—二级学院（部门）—班级（教师）"的四级舆情工作协同机制。一是做好日常的舆情信息收集，做到随时上报，保证舆情渠道的畅通，并适时召开会议，分析舆情动态，防患于未然。二是在处置网络舆情过程中，能有条不紊，按照计划步骤处理，消除影响，减轻危害，保障网络的安全运行与信息安全，使网络舆情势态往好的方向发展，确保校园稳定。三是形成网络舆情管理创新指导思想，分解工作职责，当网络舆情产生后，保卫处和网络信息中心按照规章制度要求，删除恶意信息，甚至关闭相关网站和服务，追查信息来源，立即消除影响，必要时迅速报告上级教育主管部门和公安部门，展开调查。四是积极与学校师生进行线上线下互动，赢得师生的信任和支持，主动引导舆论，创造有利于化解矛盾、澄清事实的网络环境，形成正面宣传的舆论态势，当高校形成网络舆情事件时，能第一时间发布官方消息，教育主管部门也要主动出击，应对网民疑惑，减少网络舆情事件的影响。

（二）搭建政府主导的高校网络舆情监测资源共享平台

由于网络舆情监测技术在硬件建设上要求比较高，对专业网络舆情研判团队等方面都需要高额投入，同时也会出现重复建设，因此教育主管部门在高校网络舆情监测工作的基础上还可以做一些统筹工作。以公开招投标形式引进第三方网络舆情监测系统，或者委托区域内较专业的高校负责管理，打造专业网络舆情监测、分析、管理团队，进行有偿服务；同时与已有较好基础的高校进行强强联合和资源共享。

七、加强政府创新管理，提高网络舆情的线下管理与引导

（一）加强指导，提升高校管理的综合治理水平

教育主管部门对高校网络舆情管理进行年度考核。将高校网络舆情纳入高校平安校园建设、文明校园创建、示范院校建设等创建内容中去，促进高校加强网络真情管理。同时，高校要按照学校《章程》依法治校促进教育管理能力现代化。一是要提高教师群体的道德素质和专业水平，预防教师队伍出现言行不当的现象，建立师德师风考核标准，把高校教师网络言行不当作为对高校教师的考核依据之一，把师德师风有问题的教师及时剔除教师队伍；二是加强工作业务能力，把服务做到位，尤其是在学生比较关注的学校制度改革、食堂、住宿环境等方面做好各项工作，深入开展全校宣传教育活动，维护校园稳定，建设平安校园；三是加强问题收集机制，按照信访管理相关办法办理群众来信来访，定期开展师生座谈会，及时做好问题的回复和解决；四是丰富文化校园建设，充分发挥文化育人功能，注重高校自身的品牌建设和形象塑造。

（二）加强意识形态管理，增强网络自律意识

高校网络舆情的主体是师生，因此高校网络舆情关键在于做好网络舆情的正面引导。教育主管部门要加强对高校在意识形态方面的创新管理。在引导高校思政课堂、形势与政策教育、思政实践教学基地建设、文明单位结对等渠道的基础上，充分利用新媒体信息传播开展学生思想政治工作，增强思想政治教育的感染力，甄别信息，澄清事实，净化网络环境，发表主流健康的网络信息，疏堵结合，及时沟通。引领青年学生增强中国特色社会主义的道路自信、理论自信、制度自信、文化自信，为培养中国特色社会主义事业的合格建设者和可靠接班人做出积极努力。特别是要加强高校师生的网络媒介素养，对国情、社情充分了解，提升学生网络信息的甄别能力，弘扬社会主义主流价值观，让学生成为网络舆论正能量的传播者。

第八章　基于大思政格局的高校教育管理思维创新

第一节　"三全育人"理念下的高校课程思政建设思维创新

一、坚持全员育人思维，创新高校思想政治教育队伍

所谓全员育人思维，就是要发挥出所有教育力量的优势，形成一个强大的教育责任主体。在这个教育主体中，所有参与者都要明确自己的分工，承担起相应的责任，围绕共同的育人目标，把握住学生的特点和需求，提供多样化的服务，使所有教职工都能成为大学生健康成长的引领者。

（一）坚持党委统一领导原则

在大学生思想政治教育中，我们必须建立党委统一领导，党政群团齐抓共管，全体教职员工参与的机制，努力培养"四个相统一"的创新师资队伍。通过党委的统一领导，上下联动，其他各部门各司其职，协力创新合作，从而形成全员育人思维的新格局。因此，能否形成全员育人思维的新格局，全体教职员工能否围绕统一的创新目标通力协作，一定程度上取决于党委是否发挥了它的领导核心作用，是否有力地把各部门的创新思想政治教育工作人员紧密地团结在党组织的周围。因此，党委作为大学生思想政治教育的核心部门，对于高校的大学生创新思想政治教育工作起到了重要的作用，我们要健全完善领导机制，从根本上保证我们的党组织建设，并且要选配好各级领导干部，在选择领导干部时要严格考核，设立考核机制，层层筛选，找到合适的人选。

（二）强化辅导员骨干作用

在大学生创新思想政治教育中辅导员是高校学生工作的重要力量。中共中央国务院在《关于进一步加强和改进大学生思想政治教育》中对辅导员的工作范围进行了明确规定，辅导员按照党委的部署有针对性地开展创新高校思想政治教育，在学生的思想、学习、生活等方面进行指导。可见，辅导员是高校德育的骨干力量，创新高校思想政治教

育是辅导员的核心任务，因此，辅导员必须抓好自己的中心任务，促进大学生创新思想政治教育的发展。教育必须首先接受自我教育。作为教育工作者，辅导员应该实现通过科学方法促进学生成长，不仅要规范学生的行为，还要使他们的情感受到熏陶，不断提高道德水准，使他们成为优秀学生。辅导员一是要通过引导使学生的理想信念更加坚定，能深刻认识到共产主义思想的重要性，向着学校预期的方向发展。二是要深入学习专业知识，精通专业技能，增加自己的厚度，这就需要用科学合理的方法对学生进行引导。

（三）巩固思想政治理论课教师的主导地位

思想政治理论课教师是对学生进行创新性思想政治理论教育最主要、最直接的实施者，学生的政治观念、价值准则、行为规范、道德水平等都会受思想政治理论课教师教学的影响，思想政治理论课教师的创新教学任务，即主要在思想理论教育、思想品德教育和人文素质教育中进行新颖的思维创新培养。

大学生思想政治教育的创新成效很大程度上取决于思想政治教师的创新教学成效，思想政治理论课教师在高校德育中起着主导作用。而当前高校思想政治理论课教师实际创新教学还存在一些不足，如有部分思政课教师的教学理念落后、教学手段单一、教学方法陈旧，或理论修养不够深厚，理论教学未能与社会、学生实际相联系，导致思政课思维创新教学未能取得理想效果，让学生感到思想理论太过高深或者枯燥无味，学习积极性下降。

作为担负高校思想政治创新教育主渠道任务的思政课教师，只有在提高自己的理论素养，塑造自己的人格魅力等方面努力，才能使思想政治教育上的思维创新取得良好的效果。首先，思想政治理论课教师须提高自己的理论修养，拥有丰富的知识储备，改革教学方式；其次，思想政治理论课教师需塑造自己的人格魅力。

（四）发挥管理人员的管理育人作用

管理既包括学校对学生的管理，也包括学生的自我管理，它是全员育人思维的要求，也是全员育人思维所要取得的成效。高校的管理人员主体是行政工作人员，行政人员的自身素质、管理能力等对管理育人思维的职能发挥起着决定性的作用。过去，我们在观念上和实践中存在一个误区，认为创新思想政治教育只是思想政治理论课教师的职责，管理与育人一直处于分离的状态，同时也存在缺乏对管理干部的培养、管理过程存在行政干预手段过多而人性关怀较少、管理制度不完善等问题。

现在必须通过一系列措施解决上述存在的问题。首先，行政管理人员应转变管理理念，增强育人思维的意识。高校工作者要将学生置于圆心位置，经常性地与学生进行信息沟通，要清醒地认识到学生干部参与管理的重要性，也要做好党团支部自上而下的带头作用，让更多的同学参与到育人实践活动中去；同时，学生自己要不断地吸取优秀学生的优良品质，不断地自我教育，在自我反省和自我提升中成长。其次，作为管理者，须提高自身的素质，努力学习现代管理知识，增强全员育人思维的意识，加强自身的道德修养，才能成为学生的榜样，让学生真正地从心底产生认同。

（五）加强服务人员的服务育人作用

在创新高校思想政治教育队伍中，后勤服务人员的作用也很重要，我们一定要推进服务人员对高校创新思想政治教育育人工作的关注。服务人员要强化育人思维意识，坚持育人为本。高校后勤服务与一般的服务工作最大的区别在于其紧紧围绕育人思维这个核心开展，后勤工作人员开展服务工作时应以培养人作为出发点，而不仅仅是服务本身，所以服务人员要明确自己的育人职责，落实责任制，积极开展各项服务育人活动，为大学生进行正确的思想引导，加强对服务人员的监督考核，落实服务人员的责任，建立学校服务平台和监测系统，切实提升服务的成效。

（六）发挥其他专业教师的育人思维作用

在创新高校思想政治教育中，其他专业学科教师对于创新思想政治也起着至关重要的作用，我们必须提升其他学科专业教师对于育人思维的责任意识，让教师肩负起自己的责任，将创新思想政治教育元素融入创新教学过程中，同时也要给学生树立正确的价值观，传授最新理念和指导方针，坚持以习近平总书记为党中央领导，深入学习马克思主义、毛泽东思想、邓小平理论、"三个代表"重要思想、习近平新时代中国特色社会主义思想，通过"学习强国"等学习平台丰富个人的理论知识。

二、坚持全过程育人思维，创新高校思政教育的有效衔接

全过程育人思维，是在创新高校思想政治教育过程中，以大学生思想道德水平为支点进行阶段性、连贯性、时间性、发展性的创新思想政治教育工作。但在实施教育过程中，教育内容、方式、方法一定要迎合大学生创新的实际需求，要将创新思想政治教育贯穿于高校创新教育、创新管理和创新服务的全过程，从学生进校门的那一刻开始，就要接受创新思想政治教育，直到他们顺利完成学业。

（一）各个阶段承接大学生创新思想政治教育

不同年级的大学生在不同时间段，他们的心理特征、思想认知水平甚至是生活态度都存在差异，因此在围绕党的教育方针和学校育人思维创新工作要求的前提下，在对大学生进行创新教育时，应该分类考量，在不同年级设立不同的创新教育主题。

大一新生，他们刚刚结束紧张的学习生活，来到陌生的环境中，产生了新鲜感、好

奇感，要抓住这一时机，开展丰富多彩的教育活动。到了大二、大三以后，此时的学生处于发展过渡阶段，他们的思维更加活跃，也愿意尝试，因此可以通过创新式的道德实践活动、创新式的社会实践活动，或是在创新典型人物的辐射带动下，对学生产生积极的影响，以多种方式引导他们培养良好的道德品质，为大学生树立远大的理想和辩证思维创新能力做铺垫。在大四即将毕业时，为了让学生顺利就业，就要对学生进行创新就业指导，引导他们对自己的专业发展做出合理规划，使他们能了解到自己所学专业的发展现状与前景，知道具备了哪些创新技能才能更好地服务于社会和有利于自己未来的发展。最后，在学生毕业后，也要建立校友会，与毕业生建立良好的关系，关心学生的思维变化，学生如果遇到问题，也要给予他们及时的引导和帮助。

根据学生的特点和需求，在创新思想政治教育实施过程中，要有针对性，抓住重点。由于每个大学生的出生背景、思维观念、道德素养、家庭背景、受教育程度等都不尽相同，因此，在对大学生进行创新思想政治教育时，要根据实际，以问题为导向，切实解决学生在实际生活中遇到的困难和问题，为他们制订独有的方案，量身定做和学生实际情况符合的创新思想政治教育方案，使学生健康向上地发展，从而保证创新思想政治教育的实效性。

高校创新思想政治教育在时间上，既要有前一时段的铺垫，又要有后一时段的延伸。我们要注意不能孤立地看问题，正如马克思主义联系的观点，我们需要承上启下，横向纵向贯穿，关注到整个过程，广义上以小学为起点，到中学、大学，甚至到大学生的一生教育；狭义上指大学生从入学到毕业不同时间段，都要及时把控，学生的政治思想创新观念是逐渐形成的，我们在整个创新教育过程中注重学生在各个时间段思维的变化。例如，有的学生思想政治道德思维观念在入学前已经出现了问题，那么在进入大学后，就需要更加关注此类学生的思维动向，及时把控，建立完善的监控机制，及时给予引导和帮助。这样的全时间段把控，有利于全过程中有效的衔接，从而达到思想政治教育思维创新的目的。

（二）各门课程中覆盖大学生创新思想政治教育

习近平总书记在 2019 年 3 月 18 日召开的思想政治理论课教师座谈会上明确提出了我们要推进"课程思政"，这为大学生创新思想政治教育提供了方向，"课程思政"和"思政课程"有机结合是保证大学生创新思想政治教育全过程融入的重要手段。推行"课程思政"是为了抓住课程育人思维的重要举措，我们在各个学科中都要设计具有创新思想政治教育的元素，不断在隐性教育中使得大学生创新思想政治教育与各个课程同向同行，达成共同的目标，要将显性教育与其他学科隐性教育紧密结合，在学科内容、学科建设、学科规划等方面与思想政治教育协同育人。因此，大学生创新思想政治教育内容需要不断完善，要让创新思想政治教育的元素在各个课程中有机整合，形成一个共同体。

思想政治理论课是大学生创新思想政治教育实践中的基础和核心，也是创新思想政治教育最显性的课程。从入学开始，每一位学生都要学习基础理论课，党和国家指导思想、理念通过思想政治理论课的思维创新来传播给大学生是最好的方式，思想政治理论课就如同"扩音器"，需要不断融入大学生的思维，从课堂中到课下，将思想政治教育理论贯穿进去。

其他课程也要融入思想政治教育元素，要在潜移默化中，让大学生在各个课程中都能受到思想政治思维创新教育，从而实现全课程育人思维，达到育人思维的目的。例如，在音乐专业教学中，开展"歌唱中国梦"的主题活动，弘扬中国特色社会主义的新思想和新理念；在美术专业教学中，开展"画出最美中国"等活动，培养和增进学生的爱国主义情怀；在体育专业教学中，开设"青少年强国梦"的活动，增强学生综合素质；在主持专业教学中，开展"讲雷锋、学雷锋"主题活动，提高大学生的思想道德水平。

（三）生活各方面融入大学生创新思想政治教育

不管是纵向还是横向来看，创新思想政治教育是一个长期且持续不断的过程，既要在学习上给予学生思想政治的传教，也不能忽视生活上"润物细无声"的创新思想政治教育。因此，在整个思想政治创新教育过程中，要注重根据大学生的不同特点，抓住重点，突出个性，切实将课程、科研、文化、实践等育人体系贯穿到大学生的学习和生活的各个方面。比如，在生活中，注重学校里的宿舍服务人员的育人功能，挖掘校园里面管理人员对学生的影响，设立勤工俭学平台，精准帮扶家庭困难学生，积极疏导学生心理，关心学生生活中遇到的实际困难和问题。

三、坚持全方位育人思维，创新高校思政教育的多方联动

时代的发展，使得思想政治建设思维创新的内涵变得更加丰富，使之成为一个更加完整的体系，但无论选择什么样的教育方式、手段，都要对学生进行全方位的教育。所谓全方位教育，就是在大学生教育过程中把思想政治思维创新体现在不同领域、层次、类型等多个方面，才能从整体上提升大学生的思想道德素质水平。只有加强全方位的思想政治思维创新，形成全面和谐的德育环境，增强大学生的参与感，思想政治思维创新才能渗透到学生生活的各个方面，才能有效地提高思想政治创新教育的实效性。

（一）形成学校、社会、家庭三位一体大格局

学校、社会、家庭要"三位一体"地开展大学生思想政治思维创新教育。首先，高校对于大学生的创新思想政治教育尤为重要，不仅要在人员队伍上、各个环节的衔接上，更应该注重从不同维度来对大学生进行创新思想政治教育。学校既要从管理上、服务上、

教书上、环境上等多个方面对大学生进行创新思想政治教育，又要与家庭、社会相衔接，达成一个一体化的育人平台。

家庭对于大学生的思想政治创新思维影响也很大，我们要发挥家庭对于大学生的教育作用，在家庭方面，家长不能把教育责任完全推给学校，要适时地与教师进行沟通，共同商榷教育方法，构建起庞大的教育网络，同时家庭也要有自己的家风，家长要以身作则，以正确的理想信念、价值观和道德观去熏陶学生。社区对于现代的社会来说，也是一个很重要的场所，应该抓住社区这一环境，发挥其作用。

在大学生成长的过程中，社会也要承担起相应的责任，要积极开展各种丰富的社会实践活动，为大学生提供更多的锻炼机会，帮助他们加深对社会的了解，缩短知识与实践之间的距离。

（二）建立组织、科研、活动三位一体大中心

高校组织机构在大学生思想政治思维创新教育中极为重要，主要包括党组织、团组织、社团和班级组织，通过加强组织育人思维，为思想政治思维创新教育起到引领作用。

1. 积极建设团组织，完善组织制度，为各项工作有条不紊地进行提供支撑

在整个高校创新教育体系中，团支部是重要的有机组成部分，其工作开展的效果如何，将会对每一个青年产生十分重要的影响。在具体工作中，一定要构建起科学合理的团干部选拔机制、考核机制、管理机制，以各项制度的约束、规范、激励作用，使所有团干部的素质都能得到提升。同时，也要对每一个团干部的表现进行评估，将评估成绩与"推优入党"相挂钩。

2. 积极实施"推优"工作，建设党组织

时代的发展使每个党员肩上的担子更重了，党组织建设也不能墨守成规，要以全新的形式、先进的理念对组织内部的每一个党员产生积极影响，要在核心价值观的引领下，坚定自信，提升党建效果和育人水平，使党建思维创新工作取得阶段性进展。

3. 以灵活多样的方式对学生党员进行创新教育、引导，使他们的综合素质得到提升

要注意一点，此项工作应该常抓不懈，既要定任务，也要落实目标，使所有学生党员都能紧密团结在组织周围，让他们以自己的实际行动捍卫党组织的先进性，以他们来带动更多学生的成长。一要实施党员责任制，使学生党员都能知道自己的发展对党组织的重要性，使他们能严格要求自己，以更高的标准约束自己，不断提升服务意识、自律意识，以自己的努力来践行党组织的先进决议，为普通同学做好榜样。二要完善党员考核制度，考核主体、内容都应该多样化，使学生党员能自觉接受广大师生的监督，使他们能积极参与到各项活动中，及时对成绩优秀者进行表扬，要求存在问题的学生党员进行反思、学习。

科研育人主要是让大学生树立正确的政治认知、价值追求、学术导向，使得大学生建立至诚报国的理想追求、敢为人先的科学精神、开拓创新的进取意识以及严谨求实的科研作风。在大学生思想政治创新教育中，应从以下方面更好地发挥科研育人作用。首先，要把思想政治创新教育融入科研的各个环节中，让大学生知道思想政治创新教育表现是科研者最基本的要求；其次，建立学术评价标准和学术诚信体系，针对学术不端行为，要有相关的制度来约束；最后，引导学生积极参与到科研创新中来，培养创新精神、协作精神、团队意识等。

活动是实现大学生思想政治创新教育的途径之一，在大学生思想政治创新教育中，要将思维创新认知转化为实际行动，就需要发挥活动的媒介作用。在思想政治创新教育过程中，要举行不同类型的、多样的创新活动，促使大学生达到知行统一。首先，活动设计要让学生有参与感，活动形式要丰富，使活动能够有亲和力，最终通过活动达到育人的目的；其次，活动内容要设计得充实且饱满，要巧妙地将思想政治创新教育内容融入活动中，影响到大学生；最后，活动的方式也要多样，需要通过静态与动态相结合，显性和隐性相结合，提升思想政治创新教育的实效性。

（三）构建文化、实践、网络三位一体的大空间

校园文化建设绝不只是体现在物质环境的改善、硬件设施的完善上，更应该发挥出环境的育人功能，让所有置身于大学校园中的学生受到情感的熏陶、心灵的浸润。所以，校园文化建设应理所应当成为思想政治创新教育中的有机组成部分，使之成为各种创新教育活动的有效补充。

1. 充分发挥出宿舍的育人作用，让学生在生活中接受教育

生活环境中蕴含着大量育人因素，会对学生的成长产生重要的影响，学校可以通过宿舍文化评比、卫生检查等形式，各项检查的结果将与每一个学生的切身利益相关，如奖学金的发放、评选优秀学生、入党等，使每一个大学生都能意识到自己对宿舍其他成员的重要性，也能感受到集体生活对自己的意义，让他们能从细微之处入手改变自己，形成健康奋进的寝室文化。

2. 组织灵活多样、生动有趣的育人活动，为学生成长搭建良好舞台

各种各样的育人活动应该贯穿于学生大学生活的始终，使思政创新教育变得多姿多彩，巧妙地将创新教育与实践融合到一起。高校可以组织学术活动，如讲坛、论坛等，也可以开展"文化艺术周"活动，并将这些活动打造成精品，形成学校的特色与风格。在参与活动的过程中，使学生进一步感受到校园生活的多姿多彩，使他们对自我产生客观全面的认识，具备表达自己想法的勇气与能力，掌握处理问题的技能，学会和谐地与他人相处，这些都是学生日后社会生活中必不可少的能力。通过这些方式，思政思维创新教育工作者也能真正理解为学生提供服务的内涵。

3. 积极发展各种学生组织，为学生提供自我管理与创新教育的机会

在这一过程中，要努力提升学生干部的感召力，经常性地组织学生干部培训，为他们提出新的要求，从工作方法与技巧上对他们进行指导，在他们的带动、示范下，使更多学生都能具备自律意识，逐渐摆脱对他人监管的依赖性。参加各种社团活动，既能让学生的视野得到拓宽，也能为他们提供展示自我风采的平台，使更多的学生能拥有健康向上的爱好。

大学生思想政治思维创新教育要将理论与实践相结合，达成知行合一，只有在课上、课下全方位地推进，才能保证思想政治思维创新教育由外化转为内化。在思想政治创新教育实践教学中，要在内容和形式上有所创新，整合更多的实践平台。

第一，要处理好第一课堂和第二课堂之间的关系，第一课堂是核心，第二课堂为第一课堂提供补充和帮助，将两者结合使大学生思想政治创新教育更加生动活泼，也让学生得到全面发展。

第二，实践育人的内容和形式需要进一步创新，对学生的思想政治创新教育要深刻且有意义，在学生日常学习中要贯穿各种各样的形式和内容来影响大学生，同时要结合大学生思想需要和特点，挖掘具有意义参与感的活动。

第三，实践育人的受众面需要广泛，以育人为本，突出实践的目的。大学生思想政治创新教育的实践活动，不能只为个别学生的需求而设计，需要根据大部分学生的需求，设计具有普遍认同感的形式。总之，我们一定要注重实践育人，切实抓好这一育人方式。

面对网络环境对思想政治创新教育工作带来的新挑战，要充分发挥出网络环境优势，利用网络来拓宽思想政治创新教育的覆盖面，丰富教育手段与形式。我们知道网络环境本身具有较强的隐匿性、虚拟性，网络信息泥沙俱下，使得大学生思想政治创新教育面临很大挑战。怎样充分利用网络来丰富思想政治思维创新的手段，如何用网络来拓宽学生视野，怎样将网络发展成思政教育的另一阵营，这些问题引发了高校思政思维创新教育工作者的深思。

为此，高校要做到如下几点：一是充分利用网络对思政教育工作者进行培训，拓宽他们的视野，提升他们的综合素质；二是积极建设网络思政创新教育阵营，借助网络，以图文并茂的形式向学生推送各种最能让他们接受的思政创新教育内容，用主流思想影响大学生；三是增强大学生的网络道德意识，使他们在纷繁复杂的网络生活中把握住前进的方向，自觉抵制各种不良信息的影响；四是教师要熟练掌握网络工具，构建网络平台，利用网络平台及时反映社会热点问题，回应大学生的思想困惑。

第二节 社会主义核心价值观融入高校校园文化建设思维创新

一、社会主义核心价值观是高校校园文化建设思维创新的必然选择

在越来越趋于全球化和多元化的今天，我国意识形态的束缚已被打破并逐步开放，一元指导思想和多元价值取向并存的局面已经逐步形成。

现阶段，在高校校园文化建设中，思维创新依然存在许多问题，想要解决这些问题需要强有力的思想武器，社会主义核心价值体系的提出为这些问题的解决提供了思想指导。社会主义核心价值观的内容能够助力高校校园文化建设各方面的思维创新。①从方法论的角度来看，解决校园文化思维创新的各项方法中，坚持以社会主义核心价值观为指导思想是最好的方法；②从意识形态的角度来看，想要加强高校意识形态和思想道德的建设，那就必须坚持社会主义核心价值体系，这是高校人才培养的需要，也是社会发展和历史进程的必然选择；③从价值取向的角度来看，社会主义核心价值体系和高校校园文化建设的思维创新在性质上都是一样的，都是培育建设社会主义人才，为了国家的兴盛和社会的进步能够贡献自己的力量而努力。

（一）社会主义核心价值观为高校校园文化建设思维创新提供理论支持

在高校校园文化发展中，从提出到现在，已经积累了丰富的实践经验和专业理论。在不同的发展阶段，由于时代背景的不同，指导思想也会有差异。目前我国正处于社会主义初级阶段，整个社会正处于转型期，在这个时代背景下，目前的指导思想是社会主义核心价值体系，这个指导思想不仅指导了高校校园文化的发展，全社会各领域的发展也离不开这一思想体系。社会主义核心价值体系是科学与信仰、真理与价值、规律和规范的统一，是校园文化建设思维创新的理论基础，并且指出了正确的发展方向。

在国民教育中，高校是重要的教育场所，因此高校的校园文化建设十分重要。教育活动要围绕社会主义核心价值体系来开展，让高校学生对社会主义核心价值体系蕴含的科学内涵有更深层次的了解。高校学生要在学习社会主义核心价值体系后，能够用于指导自己的行为和思想，在具体实践中体现出来，并且能在以后的人生道路中自觉运用。

另外，社会主义核心价值体系除在思想意识领域为高校校园文化建设思维创新提供理论支持外，在自然科学、社会科学等众多实践性较强的领域同样可以提供理论支持。事实证明，我们民族传统文化里的很多精粹是与现代科技相通的，是可以互相佐证并相互支持的。

（二）社会主义核心价值观是高校校园文化建设思维创新的理想源泉

理想是对现实环境中根据科学和逻辑推测出来可能实现的结果的憧憬，有层次和类别的区别，有社会理念、个人理想之分。社会理想对于一个政党和国家，是一面旗帜；对于一个民族，是前进的向导。社会主义核心价值体系认为，我国现阶段的共同理想是中国特色社会主义共同理想，这个理想具有阶段性，是随着时代发展不断修改、完善的。具体来讲，现阶段的共同理想就是建立一个富强、民主、文明的社会主义现代化国家。个人理想则因人而异，青年大学生对未来都有美好的期盼，但社会理想对个人理想具有整合作用。因此，青年大学生要时刻认识到将个人理想与社会共同理想统一结合起来，要认识到党和国家的命运和个人的命运和理想是紧密结合在一起的。只有这样，青年大学生的个人理想才能有所寄托和成长。

高校正是青年学生树立个人理想、理解社会理想的场所，高校校园文化应为之提供良好的平台。因此，高校校园文化建设思维创新作为社会文化的重要组成部分，应从社会主义核心价值体系中汲取营养，哺育大学生社会主义共同理想的养成，让其真正成为高校校园文化建设思维创新的思想源泉。

（三）社会主义核心价值观是高校校园文化建设思维创新的精神动力

精神动力从存在和发生作用的社会形态来看，主要表现为精神创造力、精神凝聚力、精神约束力。社会主义核心价值体系的精髓就是以爱国主义为核心的民族精神和以改革创新为核心的时代精神，它是马克思主义与时俱进的思想源泉，是推进中国特色社会主义伟大事业的强大动力。高校校园文化建设思维创新作为社会主义事业的一部分，核心价值体系也是其发展的精神动力。以爱国主义为核心的民族精神，是中华民族繁衍发展的思想基础和精神动力，为校园文化建设思维创新提供精神凝聚力、约束力；以改革创新为核心的时代精神，是中国人民不断创造新的辉煌的力量源泉，是推动时代发展进步的强大精神动力，为校园文化建设思维创新提供精神创造力。他们包含的爱好和平、勤劳勇敢、自强不息和与时俱进、开拓进取、求真务实的精神和理念与青年学生作为国家未来发展主动力和年轻人朝气蓬勃是不谋而合的，是相互统一、互动互融的。

因此，我们在高校校园文化建设思维创新过程中，应从传统与现实、科技与人文、形式与内涵等角度，充分挖掘民族精神的内涵，把不屈不挠、自强不息、奋发图强的民族爱国主义精神作为重要的精神推动力和推手融入高校校园文化建设思维创新中；应充分重视创新精神的吸收，并在青年大学生群体中进行传播、践行，鼓励他们冲破陈腐思想观念，摆脱化体制的束缚，让创新时代精神成为真正的精神创造力，从而推动我们这个时代和社会蓬勃发展，让国家和民族走上强国之路、发展之路、复兴之路。

（四）社会主义核心价值观为高校校园文化建设思维创新奠定道德基础

目前社会中还存在一些不良现象，由于高校学生处于心智发育不成熟阶段，再加上校园环境的开放性，学生很容易受到外界环境的影响。为了高校学生的身心健康，完成高校的育人目标，对校园文化建设的思维创新要有更高的要求。社会主义核心价值体系对现阶段中国的价值取向和行为标准有了更科学和更明确的指导，为新时期的高校校园文化建设的思维创新打下了坚实的道德基础，为大学生的行为判断、价值取向、道德选择提供了基本准则。因此，高校校园文化建设思维创新要以社会主义核心价值体系为基点，引导广大师生强化道德责任意识，筑牢思想道德防线。

二、校园文化建设思维创新是社会主义核心价值观的有效载体

中国是真正的社会主义国家，因此我国高校要坚持社会主义意识形态。除了高校的思想，还要在对学生的教育中自觉承担教授系统马克思主义理论教育的任务，在高校的校园文化建设的思维创新中，要始终坚持以社会主义核心价值体系为指导。校园是教授知识的场所，打造正确的校园文化能够构建浓厚的育人氛围，校园文化能够对校内学生产生潜移默化的影响，促使学生健康发展，不同的高校有着不同的校园文化，每所高校的文化氛围是独一无二的。高校学生在长时间接受校园文化的影响后，会在自己的行为举止和思维中自然地表现出来。高校学生是社会群体的重要组成部分，行为和思想会对社会其他群体产生影响。因此，用社会主义核心价值体系指导校园文化建设思维创新，不仅是高校校园文化发展的需要，对于社会主义核心价值体系的传播也有促进作用。

任何积极健康的内容都要通过一定的形式来表现，同样，核心价值体系也需要通过校园文化建设思维创新的载体来表现。融入各种思想教育工作之中，是社会主义核心价值体系的重要建设途径之一，高校要采取多种措施，教育引导大学生成为社会主义核心价值体系的学习者、传播者和践行者。

三、二者根本目标的一致性

社会主义核心价值体系的目标和归宿是为了实现人的解放和自由全面发展。高校有着"育人""教人"的任务，是传播科学文化知识的场所，其教学目标是促进学生的全面发展。从某种角度上来说，社会主义核心价值体系与高校教育有着一致的目标，都是为了促进人的全面发展。因此，在高校教育活动中要将社会主义核心价值体系融入校园文化建设思维创新中，为高校学生学习并践行社会主义核心价值观提供平台，从而促进学生的全面发展和健康成长。

把高校校园自然环境与人文环境结合起来,让高校校园的建筑、园林、设施等能充分表达核心价值体系的内涵与理念;在校园导视系统、广播、报刊等载体中植入核心价值体系的内涵,充分发挥校园文化在传播先进文化、开展主题教育等方面的教育功能。

用马克思主义及其最新成果武装高校师生,采用生动活泼的方式,全面系统地进行理论学习;利用假期等业余时间,让广大学生搞好社会调查和社会实践,通过深入社会,深入城市、农村实际,撰写调查报告,把感性知识上升到理论高度,从而加深对党的基本理论体系的学习,对中国共产党执政规律、人类社会发展规律的理解。

学校要形象生动地对师生进行中国特色社会主义共同理想的教育。通过组织校园文化活动,尤其是如"五四"青年节、"七一"建党纪念日、"十一"国庆等纪念日,组织广大师生参观党和国家、各级政府举办的政治、经济、文化社会发展成果展览等,让师生在潜移默化中受到理想信念教育。引导高校师生形成共同的理想信念、道德情操、思维方式、人生态度,营造积极向上、生动活泼、开放自由的学习工作氛围,让师生时刻感受学校集体氛围的激励和关怀。

学校要将核心价值体系融入高校校园文化建设思维创新中,弘扬民族精神和创新精神。五千年的中华文化,博大精深,其中以爱国主义为核心的传统文化犹如奔腾不息的文化长河。在校园文化建设思维创新中,通过爱国主义影片进校园活动、戏曲文艺活动、非物质文化遗产项目进校园等活动,让高校师生受到民族精神的教育和滋养。改革创新是现代中国最鲜明的时代特征,引导广大师生保持与时俱进、开拓创新的精神状态,永不自满、永不僵化、永不停滞,引导广大学生为国家富强、民族振兴、人民幸福、社会和谐而努力学习奋斗,是摆在我们面前的非常重要的任务。

高校一方面要引导大学生向社会道德模范学习,加强公民道德建设,接受社会公德、职业道德等教育;另一方面,高校要引导大学生吸收传统民族文化中真善美的标准和道德操守的良好因子。结合高校自身特点,加强对社会主义核心价值观的多角度、多方位的挖掘、宣传和教育,将其融合在思想政治教育、文化活动、规范制度当中,提高青年学生的践行能力,塑造学生正确的价值观念,引导学生对中国特色社会主义产生价值认同,在全校形成知荣辱、讲正气、做奉献、促和谐的良好风气。

第三节 新时代高校师德师风建设思维创新

随着社会的不断发展,对高校思想政治课教师的师德师风及其建设的思维创新的要求越来越高。高校思想政治课教师的师德师风建设思维创新作为新时代高校思政课教师队伍建设思维创新的一个重要内容,它的成败至关重要,不仅关系着高等教育的改革和发展,也影响着公民道德建设和经济社会环境的发展。随着意识形态斗争的网络化、价值观日益多元化、新生代大学生的个性化，高校思想政治课教师的师德建设思维创新面临着严峻的挑战。总体来看，我国高校思想政治课教师的师德师风思维创新主流是积极向上的，不可否认，部分高校仍存在一些思政课教师师德师风思维创新行为不规范的问题，相关部门必须予以高度重视并且及时制定出解决方案。

一、用和谐性思维创新方式推进高校师德师风建设

（一）新时代市场经济体制下高校教师群体现状

1. 教师的价值观已由单纯地追求理想、静守清贫向注重理想与关注实际并重转变

古往今来，教师有着"园丁""蜡烛""孺子牛""人梯"等美称，其中"人梯"是最高评价的专称，"春蚕到死丝方尽，蜡炬成灰泪始干"中所体现的"红烛精神""春蚕精神"是教师职业的最高境界。在这种甘愿付出不求回报的奉献精神的感召下，教师成了"无欲无求"的同义词。作为"人类灵魂的工程师"，塑造人类的思想，建设人类的精神文明，为了不悖于"阳光下最光辉的事业"，教师"不屑"更不敢轻言"个人利益"。我国社会主义市场经济的迅速推进，不仅深刻地改变了我国经济领域的面貌，同时也激发了人们思想的共振。与计划经济体制下的教师相比，现代教师追求新思想、新观念的意识更加强烈，原来单纯追求理想、静守清贫的时代已然远去，传统的思想和价值观已经发生转变。在他们看来，理想和个人利益并非对立的关系，因为教师也是普通人，也需要为生活的柴米油盐而奋斗，抛开现实只谈理想不切实际。因此，在处理远大理想与个人利益的关系时，绝大多数教师更注重二者的有机结合。

2. 教师的人生态度已由幕后英雄向台前主角转变

在传统观念中，教师这个职业应像"螺丝钉"一样默默地坚守在自己的岗位上，像"绿叶"一样甘愿平凡。教师不仅要谦虚、含蓄、不张扬跋扈，更要当幕后英雄。然而，当今社会，人与世界、主体与客体以及人与人之间的相互关系是多面、多维和多元的，这就使得现代教师的自我发展与完善也呈现出多样性。现代教师逐渐在崇尚个性与自我意识的催动下，渴望展示自己的风采，成为在高校发展中能登台亮相的主角。今天的教师不仅是简单的幕后英雄，更是推进素质教育培育新型人才的扛把子，同时敢于表现自己，把特长发挥到极致，努力使自己成为某一专业、某一课程中可以独当一面、不可或缺的复合型人才。

3. 教师的日常教学工作已由心中"无我"向心中"有我"转变

高校"扩招"和教师长期的"超负荷运转"，是导致教师日常教学工作转变的主要因素。工作量增加使许多教师不堪重负，出现体力降低、反应能力减退、精神状态欠佳

的现象，甚至还有一部分教师因压力出现了心理健康方面的问题。因此，教师不再像以前一样只知道关心事业，现在也会关爱自己，即从心中"无我"向"有我"转变。他们对个人的时间、精力、能力有了更加清醒的认识，凡事尽力而为，量力而行，忙中有度。

4. 教师的个人发展路径由注重传统教学向注重创新实践转变

由于素质教育的推进，国家致力于培养学生的创新精神和实践能力为主的全面发展的教育，教师也摒弃从前以注重教学方法的路径，取而代之的是注重创新能力的培养。随着社会人才观的变化，许多教师冲破传统价值观的束缚，在注重理论知识的教授外，也将自己工作中的实践经验融合到课堂内容中，用理论指导实践，用实践检验理论，同时兼顾社会的需要，用自己已有的知识和经验为学生授业解惑，与学生共同成长，真正培养社会所需的新型复合型人才。

总而言之，随着社会主义市场经济的迅速推进，高校教师追求新思想、新观念的意识更加强烈，新时代高校师德师风建设思维创新应与时代相符合。只有准确把握现代教师的思想，创造性地开展新形势下高校教师的思想道德建设思维创新工作，才能提高教师思想道德建设的针对性、实效性，才能加强高校教师思想道德建设思维创新工作的吸引力、说服力和感染力。

（二）加强高校教师思想道德建设思维创新是构建和谐校园的根本要求

如何构建和谐校园？加强高校教师思想道德建设思维创新是关键，说到底是要解决其世界观的问题。世界观的转变是一个根本的转变。一个学校能不能为社会主义建设培养合格人才，培养德智体全面发展、有社会主义觉悟、有文化的劳动者关键在教师。这些都在强调教师的思想道德建设的重要性。因为教师的思想道德水准直接决定着教师的自身素质和教育的水准。只有高素质的教师才能对学生的道德和人格进行积极有效的培养，才能促使学生成为一个对社会有用的人。因此，在市场经济条件下，想要构建和谐校园，根本在于加强高校教师的思想道德建设。

理想信念是高校教师思想道德思维创新的根基。理想信念有多重要？长征胜利启示我们：心中有信仰，脚下有力量，没有牢不可破的信念做支撑，两万五千里的长征想取得胜利不敢想象。面对享乐主义、拜金主义以及西方思潮的不断输入，如果高校教师没有正确的价值观和坚定的政治立场，将会给学生的思想文化建设带来许多负面影响。因此，为了应对复杂形势的挑战和考验，确保高校教师坚定的政治立场和道德纯洁，就必须坚持中国特色社会主义道路不动摇，坚持党的纲领，以科学理论和先进思想来引导广大教师，始终保持教师队伍思想政治建设思想创新的正确方向。

加强教师思想道德建设上的思维创新，构建和谐校园是实现高等教育价值的客观要求。提及高等教育的价值，体现在美国麦卡锡提出的"威斯康星思想"、德国洪堡"教学与研究相统一"的原则以及高等学校的三大职能，即培养人才、发展科学和开展社会服务。高等教育价值实现的过程也是自我个体实现的过程,高校的教育价值是通过一系列的实践活动来实现的,自我价值的实现则是结合自我和社会经验,在此基础上不断完善自我,促使自身价值的实现。而这些价值的实现实质上是归结于教师的思维创新。

当今社会高速发展,每个人都处在一个新时期,所以每个人都要努力适应新时期的发展。高校老师必须不断进步使自己的教学和科研成果与时代同步,应该在教学中贯彻马克思主义的科学思想,用辩证唯物主义指导学生和科学研究,主动发现教学中的新问题新情况并加以解决,否则就会连教师最基本的工作即教学和科研都无法胜任。因此,为了提高教育者的整体素质,社会必须从高校教师的思想道德建设思维创新入手,不断推进加强。

从古至今,教书育人都是教师始终不能忘记的义务和职责。老师不仅要对学生进行德、智、体、美、劳的全面培养,还要发展他们的思维创新。能塑造他人灵魂的人必须是灵魂高尚的人,只有自己做到了才能要求他人。

教师这个职业在人类文明传播和知识启蒙方面至关重要,在一个学生多年的求知生涯中,一位老师言传身教,利用自身的示范作用、表率作用以及定向引导作用,把自己思维认识、精神境界和创新意识传递给一个学生,能对青年学生的世界观、人生观和价值观产生潜移默化的影响。

因此教师职位不同于其他行业,教师影响、教育和感化学生的唯一方法就是用自己高尚的精神境界和道德品质去打动学生。少年强则国强,只有教好了学生才能推动整个社会风气向好的方向发展。因此,教师不是一个简单的职业,它所要求的思想道德创新也要更高于其他职业。

(三)用和谐性思维创新方式加强高校教师的思想道德建设

要真正做到提倡教师无私奉献、关注教师的合法权益以及实现集体利益和个人利益的和谐就必须实现"三贴近":贴近工作、贴近思想、贴近生活。所谓贴近工作就是从教育的切入点入手,将自己的工作与中心工作完美结合;贴近思想,就是要通过教育的共鸣点实现思想在感情上的互动和心灵在交流中的统一;贴近生活,就是从教育的基础出发,用良好的生活、工作环境、丰富多样的教育方式等有意识的行为来净化教师的心灵。这"三贴近"就是要求我们抛开不切实际的理论,在进行教师思想道德建设的同时重视教师的合法权益,如教师的工资、福利、住房等。

美国斯坦福大学的名誉校长唐纳德·肯尼迪认为:"在几乎每一种职业里,人们都自然要考虑他们的收入。"他在研究中发现,有些人在乎收入是因为他们需要钱,而有些人关注收入并不是因为缺钱,所以为什么那些每个月收入大于花销的人却仍然在乎自己的收入呢?他认为:"因为工资和奖金象征着机构地位,它们向公众显示了自己的价值所在。"因此,只有在加强教师思想道德建设关注精神文明建设的同时,关注和维护教师正当的物质利益,才能建设和谐校园以及达到教师个人精神文明和物质文明和谐统一。

为了努力实现教师义务和权利的和谐,不仅要提倡教师服从全局的意识,还要以人为本,关注教师的个人发展。在高校思想道德建设中强调"以人为本",就是要强调教师在高校中的主体地位,以需要满足和发展为中心。为了给思想道德建设工作交一份满意的答卷,就要调动教师内在的积极性和主动性,使思想道德建设成为他们每一位高校教师内在的强烈要求,从而带动学生的思维创新。有的学者认为"以人为本"是现代德育的一种价值取向。

二、在思想政治课中加强高校师德师风建设的思维创新

(一)社会要营造形成良好的思想政治课教师师德师风的氛围

1. 加强尊师重教观念的引导

社会中充满各行各业的人,人与人之间、行业与行业之间的差异尤其是思想认识的差异,都会导致人们对同一事物的看法不同。教师行业作为社会中的一部分,教师作为社会这个大家族当中的一员,能否获得社会大家族中每个人的认可和尊重,对教师整个行业的发展都极其重要,社会环境的好坏也会直接影响教师行业的风气。我国历来都十分重视教育,尊重教师也是我国的优秀传统,良好的社会风气,不仅能够增强高校思想政治课教师的尊严感和自豪感,也能激发思想政治课教师教学的积极性和主动性;相反,不良的社会风气,不仅会降低思想政治课教师的尊严感,也会降低他们教学的积极性,易导致思想政治课教师消极怠工,影响思想政治课的教学效果。目前很多学生,包括社会中其他的人们对思想政治课是不够重视的,这也就导致人们对思想政治课教师不够重视。因为,大多数人更看重的是能否学到一技之长,能否在今后的发展中获得更多的就业机会,轻视思想认识层面的修养,认为思想政治课没有专业课重要。

针对这种情况,相关部门一定要重视思想政治课教师队伍的地位和发展。通过思想政治课教师年度影响人物的推选、思想政治课教师的教师技能大赛等活动,充分利用互联网时代和新媒体技术,宣传优秀思想政治课教师的先进事迹,发挥思想政治课教师的典型示范作用。同时社会上要加强对社会主义核心价值观等主流意识的宣传,增强人们的思想道德建设,让全社会加深对思想政治课教师的正确认识,尊重思想政治课教师。

2. 加强社会舆论监督的力度

社会舆论的监督对思想政治课教师的师德师风建设也具有一定的积极推动作用。互联网和新媒体的飞速发展,为社会舆论监督提供了强有力的网络平台。新媒体的发展,使得人们不出门,便能知晓天下事。近年来,一些师德师风行为失范的事件在网络上曝

光，引发了人们对师德师风的关注，这也说明新媒体在互联网时代中发挥着社会舆论的监督作用。

加强社会舆论的监督力度，要畅通社会舆论监督的渠道，积极宣传师德监督的相关内容，提高社会舆论监督的主动性，从而带动并加强高校师德师风建设的思维创新。为了应对网络带来的弊端，也应及时规范社会舆论监督。互联网和新媒体的发展虽然给社会舆论监督提供了一定的平台，但也容易造成舆论混乱，出现一些不符合实际的舆论，对思想政治课教师的师德师风建设造成不利影响。因此，相关部门要加强和完善社会舆论监督的制度，引导社会舆论的正确方向，促进社会舆论的有序监督，为思想政治课教师师德师风的建设思维创新创建良好的社会环境。

（二）高校要加强思想政治课教师师德师风思维创新的制度建设

1. 严格落实相关体制机制的实施

师德师风建设的思维创新是一项长期的任务，也是一个需要内外共同合力解决的工程，不仅需要制度加以规范和保障，也需要相关体制机制的支撑，推动思想政治课教师的师德师风建设的思维创新机制科学化和合理化。

（1）强化组织领导机制

科学的组织领导机制能够科学引导思想政治课教师的师德师风建设的思维创新。为了教师的师德师风建设思维创新有具体的行为指导，学校党政主要领导干部要亲自抓，教师师德师风建设思维创新的具体规划和实施由教师的师德师风建设思维创新领导小组负责。另外，必须把教师的工作和生活有效区分开，帮助他们解决生活中的困难，给予精神上的支持。同时，在相关院系成立思想政治课教师党支部，发挥党支部和党员教师的作用，提升教师的师德师风中的思维创新意识。

（2）严格把关教师准入机制

优化高校教师队伍，最关键的一步是要严格教师的准入机制。只有一名道德高尚的人，才有可能成为一名优秀的思想政治课教师。所以，应该把德放在首位准入条件来选拔教师。通过对高校现阶段选拔思想政治课教师过程的内容分析，首先，把对教师的学历、专业知识、业务能力和科研能力方面的要求放在首要位置；其次，主要以教师的仪表仪态等形式来考察教师的道德高度。虽然不能对应聘成功的教师道德具备的高度予以否认，但这种趋于表面形式的考核方式极有可能排除掉具有高尚道德的人成为思想政治课教师的机会。

因此，高校在选拔思政课教师的过程中，应该在教师的专业素质和专业能力具备的情况下，更加注重教师本人思维创新能力和意识的考察，以及最重要的，对道德高度的要求。如此，从源头上把控好教师的师德师风。

(3) 健全激励和监督奖惩机制

激励机制：激励包括物质激励和精神激励，充分发挥激励的作用，必须做到两者同时兼顾。对于师德师风较好的思想政治课教师进行奖励，比如设立教学优秀奖、师德模范奖等荣誉，鼓励思想政治课教师的工作。在同等条件下，把师德师风表现较好的思想政治课教师列为优先评职称、出国进修和选拔干部的候选人，从物质和精神上激励思想政治课教师加强师德师风修养的自觉性和主动性，使其主动接受正确的价值观，并把这种价值观传递给学生。

惩处机制：各高校都需要建立一个惩戒师德失范机制，对于存在行为失范、学术不端、权钱交易、违背道德等失范问题的教师，各级领导一经发现，要及时解决。设立专门的惩处机制，明确思想政治课教师违反师德师风的具体行为，并实行有效的处理机制，让思想政治课教师时刻提醒自己不能违背师德师风。

监督机制：有效的监督机制能够起到相应的预防作用，建立健全师德监督机制，应该包括组织监督、群众监督、学生监督、社会监督。各高校和各学院可以通过互联网和多媒体的运用，制作网络师德监督窗口；设立师德师风意见箱；利用微信、QQ、微博等学生常用的社交软件，设置学生有关师德的反映渠道等途径，全方位地对思想政治课教师的师德师风进行监督。同时结合社会监督、群众监督，充分发挥舆论的作用，共同约束思想政治课教师的行为。

(4) 创新考核评价机制

科学合理的师德师风评价体系，大致可分为内外监督两个方面。一方面，通过专门的监督组织对制定的科学的考评目标、考核制度和标准实施，从而保证考核评价过程的公正性，激励思想政治课教师更加规范自己的行为；另一方面，通过作为思想政治课直接倾听者的学生对所授教师的印象对其进行评价考核。对于出现师德师风失范问题的老师，应采取"一票否决"的处理办法，并将事件纳入该教师的师德师风档案。每年的考核期，对思想政治课教师的师德师风表现和成果业绩进行整理和分析，将思想政治课教师的师德师风表现作为评职称等的重要依据。

2. 加强思想政治课教师的培训体系

建立教育培训体系，能够有效拓展教师的知识面，加强教师的业务能力和专业素养等综合能力。具体的教育培训可以从以下几个方面展开：一是制定详细的师德师风培训方案，其中岗前培训尤为重要，包括师德师风的相关内容。二是将理论与实践相结合，积极开展师德师风的实践培养活动，这一原则要求不仅适用于开展大学生思想政治教育，还适用于开展思想政治教师的师德师风培训。坚信马克思主义，坚信走中国特色社会主义道路是发展好中国的正确选择，坚信建设社会主义现代化强国和实现中华民族伟大复兴的中国梦会实现。三是创新师德师风的培养方式，充分利用互联网与新媒体的重要作用，以多种形式开展培养活动。各个省市和各高校积极贯彻落实这个观点，多多举办培训活动；与此同时，积极发挥教师党支部的作用，加强思想政治教师队伍的党性修养及各项技能，提高队伍的整体素质。

参考文献

[1] 班秀萍, 叶云龙. 全面质量管理与高校人才培养 [M]. 长春: 东北师范大学出版社, 2017.

[2] 陈芸芬. 以人为本理念在高校教育管理中的应用 [J]. 宁夏大学学报（人文社会科学版）, 2019, 41（6）:184-187.

[3] 戴国立. 高校学生工作理论与研究 [M]. 郑州：郑州大学出版社, 2012.

[4] 郭晓雯. 高校教育教学管理创新发展研究 [M]. 北京：北京工业大学出版社, 2019.

[5] 胡水星. 教师大数据应用学习 [M]. 杭州：浙江教育出版社, 2016.

[6] 孔夏萌. 高校职业生涯教育课程研究 [M]. 重庆：西南师范大学出版社, 2017.

[7] 李春欣. 新媒体时代高校网络意识形态工作研究 [D]. 金华：浙江师范大学, 2018.

[8] 欧贞香. 新时期高校学生思政教育管理新模式分析 [J]. 山西青年, 2020（9）:155.

[9] 唐莉. 从社会主义核心价值观看高校教育改革 [M]. 长春：吉林大学出版社, 2016.

[10] 田爱丽. 大学之道明德至善高校师德师风建设研究 [M]. 北京：商务印书馆, 2016.

[11] 田尧. 高校师资队伍建设与管理研究：以新疆N大学为例 [D]. 乌鲁木齐：新疆大学, 2017.

[12] 王皓. 高校行政管理工作中的绩效管理研究 [J]. 商情, 2018（22）:137.

[13] 王克喜, 宋德雪, 张人龙. 管理类专业创新创业教学理念设计及实践教学体系构建 [J]. 当代教育理论与实践, 2020, 12（2）：36-43.

[14] 王磊. 高校大学生综合素质测评系统设计 [D]. 成都：电子科技大学, 2011.

[15] 王丽萍"三全育人"视域下大学生思想政治教育问题及对策研究 [D]. 西安：西安科技大学, 2019.

[16] 王伟, 贾红果, 高华. 高校学生行为安全管理的动力学分析 [J]. 天津大学学报（社会科学版）, 2018, 20（5）:418-423.

[17] 夏丹，霍淑芬.大数据时代传媒教育研究 [M].北京：中国传媒大学出版社，2016.

[18] 肖景峰.高校学生资助管理体系优化研究 [D].大连：辽宁师范大学，2019.

[19] 肖逸枫.数据挖掘技术用于高校学生留级预警的研究 [D].重庆：重庆大学，2018.

[20] 徐金玲.教育现代化背景下高校继续教育管理体制探究 [J].成人教育，2019，39（12）:13-16.

[21] 晏子秋.高校课程考试方法与管理研究：基于学生的视角 [D].武汉：湖北大学，2010.

[22] 杨扬.高校教育管理信息化创新发展策略 [J].现代企业，2020（03）:42-43.

[23] 叶潇舟.高校学生管理与创新思维 [M].北京：光明日报出版社，2016.

[24] 周苏，王硕苹.创新思维与方法 M].北京：中国铁道出版社，2016.

[25] 李梅芳，赵永翔.TRIZ创新思维与方法理论及应用 [M].北京：机械工业出版社，2016.

[26] 创新方法研究会，创新方法教程 [M].北京：高等教育出版社，2012.

[27] 李建军.创造发明学导引 [M].北京：中国人民大学出版社，2009.

[28] 肖云龙.创造学 [M].长沙：湖南大学出版社，2004.

[29] 郭有通.创造心理学 [M].北京：教育科学出版社，2005.

[30] 周耀烈.思维创新与创造力开发 [M].杭州：浙江大学出版社，2008.

[31] 李喜桥.创新思维与工程训练 [M].北京：北京航空航天大学出版社，2005.

[32] 李淑文.创新思维方法论 [M].北京：中国传媒大学出版社，2006.

[33] 许光明.创新思维简明读本 [M].广州：广东教育出版社，2006.

[34] 李建军.创造发明学导引 [M].北京：中国人民大学出版社，2009.